Dieses Buch gehört:

Das Kochbuch aus Hamburg

gesammelt, aufgeschrieben und ausprobiert von

Dorothee v. Hellermann

verlegt von

Wolfgang Hölker

ISBN 3-9800058-4-4

D - 44 Münster, Martinistraße 2
D - 4401 Westbevern, Haus Langen

Printed in Germany
Impremé en Allemagne
Gesamtherstellung: Druck + Buch Cramer, Greven

Inhalt

Sprachliche Hilfe für Quiddjes und Binnenländer

Beefsteak:	Kluftsteak vom Rind
Bickbeeren:	Blaubeeren
Dwarslöper:	Taschenkrebse
Feinbrot:	Grau- oder Mischbrot
Kronsbeeren:	Preiselbeeren
Meterbrot:	Stangenweißbrot
Porree:	Lauch
Rahm, süß oder sauer :	dünnflüssiger als Schlagsahne, ungefähr mit Kaffeesahne zu vergleichen
Rundstücke:	Hamburger Brötchen, die im Gegensatz zu normalen Brötchen **länglich** sind
Stubenküken:	Küken, die in vergitterten Verschlägen unter den Sitzbänken der Vierländer Bauernhäuser aufgezogen werden, damit sie schön fleischig sind.
Suppengrün:	Suppengemüse
Tripmadam:	Würzkraut mit leicht salzig schmeckenden Blättern, früher oft in Bauerngärten angepflanzt, heute schwer zu bekommen. Läßt sich nicht trocknen. Gehört in die Aalsuppe
Türkische Erbsen:	eine besondere Sorte Schneidebohnen
Krickenten:	Wildentenart

Zu den Quellen:

Johann Jacob Rambach	Versuch einer physisch - medicinischen Beschreibung von Hamburg, 1801
Albert Borcherdt	Das lustige alte Hamburg, 1891
Hertha Behnke	Geprüft und bewährt Ein Buch der Hamburger Küche, 1910
Bernhard Meyer - Marwitz	Hamburger Aalsuppe o. J.
Louise Richter und Sophie Charlotte Hommer	Illustriertes Hamburger Kochbuch, 1879
und vor allen Dingen mehrere	handgeschriebene Kochbücher

Das Serviettenbrechen.

Der Kahn. (Fig. 4.)

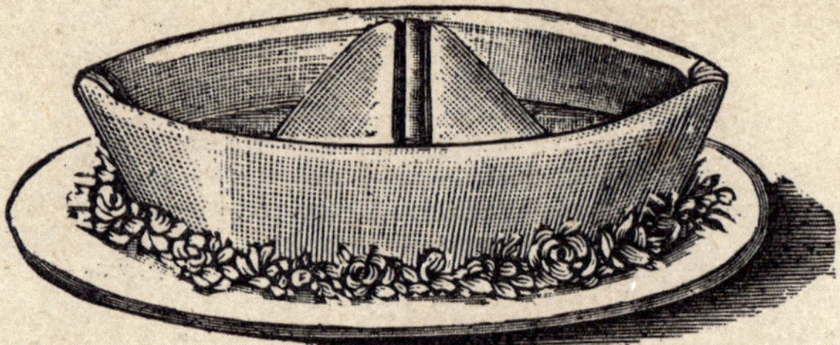

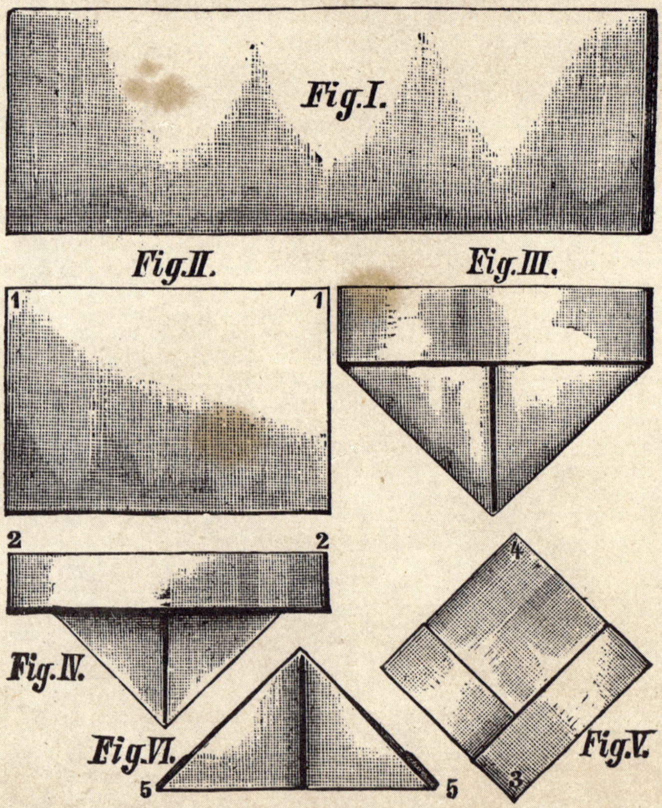

Anmerkung. Wünscht man eine kleinere Form des Kahnes, so zieht man die entgegengesetzten Ecken an dieser Stelle noch nicht aus, sondern wiederholt, nachdem man die Spitzen 5 aufeinander gelegt hat, die Manipulation von dort an, wo man die Ecken 3 nach 4 legt; die Fig. VI wird alsdann viel kleiner und ebenso, beim Ausziehen der Ecken nach rechts und links, der Kahn.

Man legt die Serviette dreiteilig und erhält Fig. I, klappt diese einmal zusammen und hat Fig. II. Dann schlägt man die Ecken 1 nach der Mitte zusammen, so daß Fig. III erzielt wird. Nun schlägt man den oberen Teil von Fig. III nach unten um und erhält Fig. IV. Jetzt legt man die Spitzen 2 aufeinander, während man die inneren Seiten der Serviette zusammenbringt und es ergiebt sich Fig. V. Dann legt man Ecke 3 nach 4, wendet es um und macht es mit der andern Ecke ebenso; dadurch wird Fig. VI erzielt. Hierauf legt man, wie bei den Spitzen 2, die Spitzen 5 aufeinander und (s. Anmerkung) zieht die entgegengesetzten Ecken nach rechts und links aus, so hat man den Kahn.

Das Serviettenbrechen.

Der Fächer. (Fig. 6.)

Fig. I.

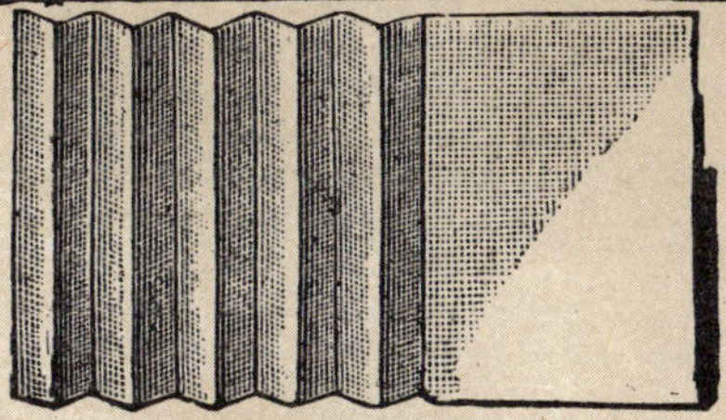

Fig.II.

Fig.III.

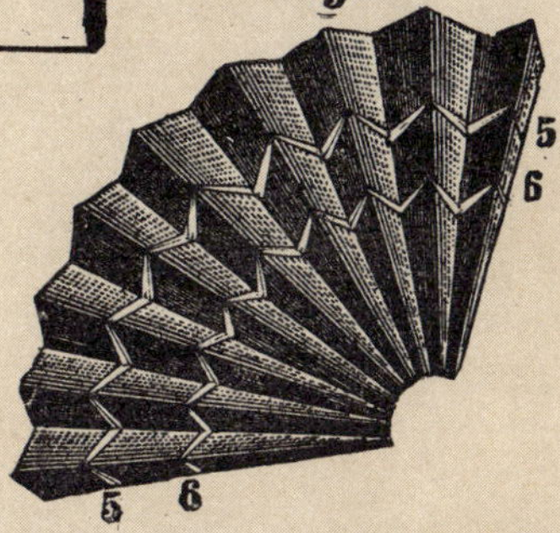

Man breitet eine Serviette aus und legt die beiden unteren Ecken nach oben, so weit vom Rande entfernt, daß ein 2 Finger breiter Streifen bleibt und also Ecke 1 an Nr. 2 liegt. Dann wiederholt man diese Manipulation und zwar legt man die jetzt unten liegenden Ecken nach 4 so, daß also Ecke 3 an Nr. 4 liegt und sich dadurch wieder ein Streifen bildet, wie Fig. I zeigt. Jetzt legt man das Ganze in 2 Finger breite Querfalten, wie an Fig. II zu sehen. Hierauf bricht man an den Stellen, die in Fig. III mit 5 und 6 bezeichnet sind und wo sich die Ränder der Servietten befinden, kleine Eckfalten, nimmt nun den Fächer unten zusammen und stellt ihn in das Glas.

Vom Hamburger Essen und diesem Buch

„Wenn man Wien ausnimmt, so giebt es schwerlich einen Ort in Deutschland, wo man so sehr darauf bedacht ist, sich die Mittel zur Erhaltung des Lebens möglichst angenehm zu machen, als in Hamburg. Bei manchen unserer Landsleute wird wirklich oft das Mittel zum Zweck des Lebens. Die erste Sorge vieler ist, gut essen und trinken. Diese animalische Genießlust hat aber ihre sehr natürlichen Ursachen. Schon die Nähe des Meeres befördert den Appetit, und die feuchte Luft macht eine nahrhafte, reichliche Diät nothwendig. Hierzu kommt eine fruchtbare Gegend, ein ausgebreiteter Handel, und eine noch immer ziemlich ergiebige Fischerei in zwei Meeren und den Flüssen und Seen unserer Nachbarschaft, und endlich die Wohlhabenheit der Einwohner, wodurch sie sich die Lebensbedürfnisse ausgesuchter verschaffen können, als die Städte, welche alle Vortheile entbehren."

(Johann Jacob Rambach, prakt. Arzt
in Hamburg, 1801)

Mehr als hundertfünfzig Jahre sind seit dieser Beschreibung Hamburger Essens vergangen, die Zeiten, in denen die Hamburger Küche von den berühmten Kochfrauen, den „perfekten" für die Pöseldorfer Familien und den „gut bürgerlichen" für die weniger exklusiv geborenen Hamburger geprägt wurde, als die Vierländer oder Alten Länder Bäuerinnen in ihren malerischen Trachten von Haus zu Haus gingen und ihre Waren anboten, ebenso die Schlachterjungen mit den großen Fleischmulden auf der Schulter, und die Fischfrauen gellend riefen „Farische Schellefisch! Schullen, labendige Schullen! Sturn, Tungn un Ellenbütt! Scheun und frisch!" sind längst vorbei, und trotzdem ist die Hamburger Küche noch genauso vielfältig und charakteristisch geblieben, wie Anfang des vorigen Jahrhunderts. Das liegt vor allen Dingen an der Vorliebe des Hamburgers, Gäste bei sich zu Hause zu bewirten, und dann Ansprüche an das Essen zu stellen, die weit über die täglichen Gewohnheiten hinaus gehen. Man ist sicherlich in den Vorstellungen bescheidener geworden; was Hertha Behnke, wohl die berühmteste Hamburger Kochfrau, ihren Schülerinnen, Hamburger höheren Töchtern, in ihrem 1910 erschienenen Kochbuch „Geprüft und bewährt" als einfacheres oder feineres Menü vorschlug, ist wegen seiner Vielfalt und des notwendigen zeitlichen Aufwands heute im Hause nicht mehr realisierbar, doch ist es verblüffend, wie viele der einzelnen Gänge dieser Menüs hier bis heute in vielleicht etwas veränderter Zubereitungsart gekocht werden. Das reizvolle der Hamburger Küche ist das Nebeneinander von „einfachen Gerichten", dem täglichen Essen, und Spezialitäten, die besonderen Anlässen vorbehalten sind.

Beide sollen hier beschrieben werden, wobei ich von vornherein zugestehen muß, daß die Auswahl sicherlich sehr subjektiv ist, denn jede Familie wird ihre speziellen Leibgerichte und Vorlieben, auch bei der Zubereitung, haben. So hat zum Beispiel ein Freund, dem ich von diesem Buch erzählte, vorgeschlagen: „Eigentlich solltest Du nicht über Hamburger Essen sondern das Essen in Deiner Familie schreiben." Da sich das aber letztlich nicht trennen läßt, ist es doch ein Hamburger Kochbuch geworden.

fig. 2

Suppen

Ein normales Hamburger Familienmittagessen, das nach englischer Sitte früher in den meisten Haushalten am späten Nachmittag gegessen wurde, trotzdem aber „Mittagessen" hieß, bestand und besteht aus Suppe, Hauptgericht und Nachtisch. Von dieser Reihenfolge wird nur abgegangen, wenn z. B. die Suppe „zum Sattessen" gedacht ist, wie die Frische Suppe und vor allen Dingen die Hamburger Aalsuppe.

Wie überall in Norddeutschland wird auch in Hamburg ein wahrer Suppenkult getrieben, es gibt Fleisch- Fisch- Gemüse- und nicht zuletzt – vor allem im Sommer – die „süßen" Suppen in solcher Vielfalt, daß man leicht mit den Rezepten ein eigenes Kochbuch machen könnte.

Hamburger Nierensuppe

Samstags Markt!

1 Kalbsniere, 80g Butter, 1 ½l Fleischbrühe, 1 Zwiebel, ⅛l Madeira, 1 kl. Glas herber Weißwein, 1 El. Butter, 1 El. Mehl, Salz, Pfeffer

Niere enthäuten, blanchieren (mit kochendem Wasser übergießen, damit der bittere Geschmack weggeht), und in feine Streifen schneiden. Die Butter in einer Kasserolle heiß werden lassen, die feingehackte Zwiebel und die Nierenstreifen kurz unter Rühren anbraten, dann den Weißwein und die Brühe dazugeben und 20 Min. kochen lassen. Man gießt sie durch ein Sieb und rührt eine Mehlschwitze aus den Eßlöffeln Butter und Mehl mit der Brühe glatt. Ca. 3 Min. unter Rühren aufkochen lassen, damit der Mehlgeschmack verloren geht. Mit Salz, frisch gemahlenem Pfeffer und Madeira abschmecken.

Mocturtlesuppe

½ abgebrühter Kalbskopf (vom Schlachter geviertelt), 1 Stange Porree, 1 Petersilienwurzel, 2 Wurzeln, etwas Sellerie, 2 l Wasser, 2 Lorbeerblätter,

4 Nelkenköpfe, 4 Pfefferkörner, Mehlschwitze aus 60g Butter und 2 El. Mehl, Worcestersauce, ⅛ l Madeira, Salz und Pfeffer

Der Kalbskopf wird mit dem geputzten, grob geschnittenen Gemüse, den Gewürzen, 2 Tl. Salz und dem Wasser ca. 1 ½ Std. bei mittlerer Hitze gekocht, bis das Fleisch gar ist. Den Kalbskopf herausnehmen und die Mehlschwitze mit der gesiebten Brühe glattrühren und 3 Min. aufkochen lassen. Das Fleisch von den Knochen lösen, sehr fein schneiden und wieder in die Brühe geben. Mit Worcestersauce, Madeira und frisch gemahlenem Pfeffer abschmecken (Je nach Geschmack kann die Mehlschwitze auch gebräunt werden.)

Schmeckt toll!

Oxtail – Suppe

1 Ochsenschwanz, 250g mageres Ochsenfleisch, 1 ½ l Wasser, 1 Bd. Suppengrün, 10 Pfefferkörner, 1 El. Salz, ⅛ l Madeira

Schwanz und Fleisch werden in Stücke geschnitten und ohne Butter mit Pfefferkörnern und Salz in einer Kasserolle bei mittlerer Hitze angebräunt. Dann das Wasser dazugeben, nach einer Stunde das geputzte Suppengrün. Die Brühe muß dann noch 1 ½ – 2 Stunden weiterkochen bis das Fleisch ausgelaugt und faserig ist. Die Brühe durch ein Sieb gießen, mit Salz und Madeira abschmecken. Nach Geschmack evtl. mit Maismehl oder einer Mehlschwitze abbinden. Dazu schmecken besonders gut Welsh Rarebits.

Hühnersuppe mit Schlagrahm

1 Brathähnchen oder 1 junges mageres Suppenhuhn, 1 Stange Porree, 1 Petersilienwurzel, 1 kl. Stück Sellerie, 2 Wurzeln, 1 ½l Wasser, 1 El. Mehl, 1 El. Butter, 2 Eigelb, ⅛ l Schlagsahne

Das Huhn oder Hähnchen mit Herz, Magen und Hals, dem geputzten, sehr feingeschnittenen Gemüse und Salz in kaltem Wasser aufsetzen und bei mittlerer Hitze ca. 1 ½ Std. kochen lassen. Das

Huhn herausnehmen und das Brustfleisch von den Knochen lösen, enthäuten und in sehr feine Streifen schneiden (das übrige Fleisch für Ragout etc. verwenden). Brühe durch ein Sieb gießen, das zurückbleibende Gemüse kurz mit heißem Wasser abspülen und wieder in die Suppe geben, nachdem man eine helle Mehlschwitze mit der Brühe glattgerührt hat. Ca. 3 Min. aufkochen lassen, 2 Eigelb hineinquirlen und das Brustfleisch dazugeben. Die Sahne schlagen und vor dem Servieren in der Terrine auf die Suppe setzten. Wenn man die Suppe gleich auffüllt, in jeden Teller einen Klecks Schlagsahne geben.

Kerbelsuppe

100g frischer, feingehackter Kerbel, 1 ½ l Knochenbrühe (man kann auch fertige Brühe verwenden) 1 El. Butter, 1 El. Mehl, 1 Ei, Salz, Pfeffer, ⅛ l süßer Rahm

Eine helle Mehlschwitze bereiten, nach und nach mit der Brühe glattrühren und 3 Min. kochen lassen. Das ganze Ei schnell mit dem Schneebesen in der Brühe verquirlen. Dann den gehackten Kerbel hineinrühren, kurz aufkochen lassen, den Rahm unterziehen und vorsichtig mit Salz und Pfeffer abschmecken.
Man kann auch pro Person 1 verlorenes Ei dazugeben, dann läßt man das verquirlte Ei weg.

Vierländer Spargelsuppe

250g frischer Spargel, 1 ½ l Fleischbrühe, 1 El. Butter, 1 El. Mehl, ⅛ l süßer Rahm, 2 Eidotter, Muskat, Salz, evtl. 1 kl. Glas Weißwein oder Sherry, frisch gehackte Petersilie

Spargel schälen, in Stücke schneiden und in der kochenden Fleischbrühe garen. In einem zweiten Topf eine helle Mehlschwitze bereiten und mit einem Teil der Brühe glattrühren, die 2 Eidotter hineinquirlen und die restliche Brühe mit den Spargelstücken unterrühren. Zum Schluß den Rahm dazugeben. Mit Salz, Muskat und nach Geschmack mit Wein oder Sherry abschmecken. Mit frisch gehackter Petersilie bestreuen.

Sauerampfersuppe

300g Sauerampfer, 50g Kerbel, 1 ½l Fleischbrühe,
1 Ei, 2 El. Butter, 1 El. Mehl

Sauerampfer und Kerbel waschen, in einem Tuch trocknen und feinhacken. In heißer Butter unter Rühren kurz zusammenfallen lassen, das Mehl dazugeben und nach und nach mit der Brühe glattrühren. Dann das Ei schnell hineinquirlen.
Dazu verlorene Eier oder in Butter braun geröstete Weißbrotwürfel.

Frische Erbsensuppe

Billig & lecker

250g ausgepalte frische Erbsen, 50g Butter, 1 ½ l Kalbsknochen- oder andere Brühe, 1 Bd. grobgehackte Petersilie, 1 Eigelb, ⅛ l süßer Rahm

Die Erbsen in der Butter bei schwacher Hitze andünsten, dann die Brühe dazugießen, die Petersilie unterrühren und alles ca. 1 Std. bei schwacher Hitze kochen lassen. Gelegentlich umrühren. Dann das Ganze durch ein Sieb rühren und mit dem Rahm und Eidotter andicken. Evtl. noch etwas salzen.
Dazu in Butter braun geröstete Weißbrotwürfel.

Topinambur – Suppe

nach Hertha Behnke

(Topinambur oder Erdapfel bzw. Erdbirne ist die Knolle einer aus Nordamerika stammenden Sonnenblumenart, die man im Winter gelegentlich in Hamburger Delikatessgeschäften bekommen kann. Da Topinambur in Frankreich wieder sehr beliebt ist, ist es wahrscheinlich, daß man sie auch bei uns bald wieder häufiger bekommen kann)

6 Personen

Ca. 1 kg zartes Suppenhuhn oder 1 kg schieres Ochsen oder Kalbfleisch, 2 ½ l kaltes Wasser, 1 El. Salz 500g Topinambur, ¼ l Bouillon, 1 gehäuft. Kochlöffel Mehlschwitze, ⅛ l Schlagrahm, 2 Eidotter

Suppenhuhn oder schieres Ochsenfleisch oder Kalbfleisch setzt man mit 2 ½ l kaltem Wasser an und gibt 1 El. Salz dazu. Man kocht die Brühe im geschlossenen Topf langsam 2 Stunden. Die Erdäpfel werden geschält, 4 Stück beiseite gelegt, die übrigen mit der Brühe 1 Std. gekocht. Man nimmt sie heraus und streicht sie durch ein Sieb. Die übrigen Erdäpfel schneidet man in Streifen, setzt sie mit ¼ l kochender Boullion an und kocht sie im geschlossenen Topf 20 – 30 Min. weich. Man verwendet sie als Einlage. 1 gehäuften Kochlöffel Mehlschwitze rührt man mit der Brühe aus, gibt die gesiebten Erdäpfel dazu, kocht die Suppe einmal auf und quirlt sie mit 2 Eidottern ab. Beim Anrichten gibt man die in Streifen geschnittenen Topinambur und die steifgeschlagene Sahne dazu.

Frische Suppe

Freitags vorbereiten
Heinz & Ingrid einladen.

4 – 6 Personen

750g mageres Suppenfleisch, 3 Markknochen, 2 l Wasser, 500g Palerbsen, 250g Wurzeln, 250g Brechbohnen, 2 Stangen Porree, 1 kl. Blumenkohl, ½ Sellerieknolle, 1 Kohlrabi, 2 Petersilienwurzeln, Salz, Pfeffer, Petersilie

Die Knochen in kaltem Wasser aufsetzen, wenn es kocht das Suppenfleisch hineingeben und bei höchstens mittlerer Hitze ca. 1 ½ Std. kochen. Währenddessen das Gemüse putzen, Erbsen palen, Wurzeln bürsten und in Scheiben schneiden, Porree in Ringe schneiden und gründlich waschen, Brechbohnen zerkleinern, Blumenkohl in Röschen zerpflücken und den Strunk würfeln, Sellerie und Kohlrabi ebenfalls würfeln. Die Markknochen herausnehmen (das Mark sofort heiß und gut gesalzen auf Graubrot oder frisch geröstetem Toastbrot essen oder zum Schluß in Scheiben geschnitten wieder an die Suppe geben), das Gemüse zu der Brühe füllen, gut salzen und alles zusammen ca. 15 Min. weiterkochen lassen, bis das Gemüse weich ist. Das Fleisch herausnehmen, kleinschneiden und in die Suppe zurücktun. Mit Salz und frisch gemahlenem Pfeffer abschmecken. Zum Schluß viel frisch gehackte Petersilie hineinstreuen. Dazu Schwemmklöße, die man in der Brühe oder getrennt in Salzwasser garen kann.

Grünkernsuppe

150g Grünkernmehl, 1 ½l Fleischbrühe, 1 Bd. Suppengrün, 1 Zwiebel, 2 Eigelb, ⅛ l süßer Rahm, Salz und Pfeffer

Grünkernmehl mit etwas kalter Brühe anrühren, dann mit der übrigen Brühe, dem geputzten, feingeschnittenen Suppengrün und der kleingewürfelten Zwiebel eine gute halbe Stunde kochen lassen, durch ein Sieb passieren und mit den Eidottern und dem Rahm verquirlen. Mit Salz und frisch gemahlenem Pfeffer abschmecken.

Graupensuppe

Hammelbratenknochen (z. B. von der Keule), evtl. Fleischreste, 1 ½ l Wasser, 125g feine Suppengraupen, 1 Bd. Suppengemüse, Salz, 2 Eigelb, Worcestersauce, ½ l Wasser

Graupen am Tag vor der Zubereitung mit ½ l Wasser einweichen. Die Knochen mit dem geputzten, kleingeschnittenen Suppengemüse und Salz in 1 ½ l kaltem Wasser aufsetzen. Ca. 1 Std. im geschlossenen Topf kochen lassen. Dann gibt man die Graupen mit dem Quellwasser dazu und läßt das Ganze noch 1 Std. kochen. Ganz zum Schluß quirlt man die 2 Eigelb hinein und schmeckt mit Salz und Worcestersauce ab.

Hamburger Krebssuppe

10 frische Krebse, 5 l sprudelnd kochendes Wasser, 1 kl. Kalbsniere, 1 ½l Fleischbrühe, 75g Butter, 1 dünne Stange Porree, ½ Sellerieknolle, 125g grüne Erbsen, 250g Spargel (beides vorher gekocht) 1 El. Mehl, 2 Eigelb, Muskatblüte, Paprikapulver, Salz

Kalbsniere häuten, blanchieren, in Streifen schneiden und mit der Brühe längere Zeit kochen, um deren Geschmack zu veredeln. Brühe durch ein Sieb gießen. Die lebenden Krebse in reichlich sprudelnd kochendes Salzwasser werfen, 5 Min. kochen und in dem Wasser etwas abkühlen lassen. Dann löst man das Fleisch aus den Schwänzen und Scheren und entfernt den Darm aus dem Schwanz. Die Schalen werden mit der Butter im Mörser zerstoßen, in einen Topf gegeben und mit dem in feine Ringe geschnittenen Porree, dem kleingewürfelten Sellerie, der gehackten Petersilie, Paprikapulver (Rosenpaprika), Muskatblüte und Salz bei schwacher Hitze geröstet, bis die Masse deutlich rötlich ist. 1 El. Mehl dazugeben, anschwitzen, mit der Brühe auffüllen und ca. 1 Std. bei schwacher Hitze kochen lassen. Das kleingeschnittene Krebsfleisch und die Gemüse unterrühren und kurz durchwärmen. Vor dem Servieren die Eidotter mit der Suppe verquirlen. Dazu im Backofen gewärmte Fleurons (Blätterteighörnchen) oder heißer Toast.

Hamburger Austernsuppe

Rezept aus dem Illustrierten Hamburger Kochbuch

Es wird 1 Pfund mageres Rindfleisch und etwas roher Schinken in Scheiben geschnitten, in Butter halbbraun geschwitzt und mit Bouillon einige Zwiebeln, Wurzelwerk und ein wenig Mehl, welches man vorher mit Wasser glatt gerührt hat, zu Feuer gesetzt. Ist das Fleisch recht gar geworden, so gießt man die Bouillon durch ein Sieb, läßt sie sich setzen und zieht sie mit einigen Eidottern ab. Währenddem hat man von zwei Dutzend Austern die Bärte geputzt, wobei man darauf Acht zu geben hat, daß nichts von dem darauf befindlichen Wasser verloren gehe, und läßt sie über dem Kohlenfeuer steif werden, aber nicht in's Kochen kommen, weil sie sonst hart werden. Das Austernwasser gießt man durch ein Sieb, giebt es, sobald es sich gesetzt hat, zur Suppe, läßt diese nochmals recht heiß werden, aber nicht kochen, und richtet sie mit den Austern und geröstetem Weißbrot an.

Wollen Sie diese Delikatesse selbst versuchen, dann nehmen Sie für 4 Personen

16 frische Austern, 1/4l Weißwein, 50g Butter, 1/2l milde Fleischbrühe, 2 Eigelb, 1/8 süßen Rahm oder Schlagsahne, Saft einer Zitrone

Die Austern werden vorsichtig aufgebrochen, das Fleisch ohne Bart herausgenommen und beiseite gestellt, das Austernwasser in eine Kasserolle gegossen und mit der Butter und dem Weißwein erhitzt. Dann gießt man die Fleischbrühe dazu und legiert sie mit den in Rahm verquirlten Eigelb. Je 4 Austern in einen Teller legen, mit Zitronensaft beträufeln und die heiße Suppe darübergießen.

Reihenfolge einhalten

Köstlich!

Hamburger Muschelsuppe

3 kg Miesmuscheln, 1 Stange Porree, 2 Wurzeln, ½ Sellerieknolle, 1 Petersilienwurzel, 2 Lorbeerblätter, 2 Nelken, 1/8 l Weißwein, Salz, Pfeffer, 2 Eigelb

Vorbereitung der Muscheln s. Miesmuscheln

Die Muscheln werden mit siedendem Wasser bedeckt und müssen bei schwacher Hitze so lange ziehen, bis sie sich öffnen. Brühe durch ein Sieb gießen und das Muschelfleisch auslösen. Das geputzte, kleingeschnittene Gemüse mit den Lorbeerblättern und Nelken in der Brühe ca. 15 Min. kochen, bis es weich ist. Mit dem Weißwein, Salz und frischgemahlenem Pfeffer abschmecken, das Muschelfleisch dazugeben und 5 Min. ziehen lassen. Topf vom Herd nehmen und die 2 Eigelb mit der Suppe verquirlen.

Dazu frisch geröstetes Toastbrot oder im Backofen erhitztes Meterbrot.

Süße Suppen

Fliederbeersuppe

750g Fliederbeeren, 1l Wasser, 5 Quitten oder Äpfel,
1 El. Maismehl, etwas Weißwein, 80g Zucker

Die Fliederbeeren werden mit einer Gabel von den Stielen gezupft, gewaschen und mit den geschälten, der Länge nach in schmale Spalte geschnittenen Quitten oder Äpfeln bei schwacher Hitze 45 Min. mit Wasser und Zucker gekocht. Dann dickt man die Suppe mit dem in Weißwein angerührten Stärkemehl.
Dazu Schwemm – oder Grießklöße.

Bickbeersuppe

500g Bickbeeren, 1 ½ l Wasser, 2 El. Zucker, 2 El.
Maismehl

Die Bickbeeren werden gewaschen, verlesen und mit kaltem Wasser im geschlossenen Topf ca. 30 Min. bei schwacher Hitze gekocht. Dann legiert man die Suppe mit dem in kaltem Wasser angerührten Maismehl, läßt sie kurz aufkochen und streicht sie durch ein Sieb. Mit Zucker abschmecken.
Dazu Schwemm- oder Grießklöße.

Mutti fragen

Zwetschensuppe

750g Zwetschen, 1½ l Wasser, 4 El. Zucker, Schale
einer Zitrone, 2 El. Maismehl.

⅔ der Zwetschen werden im Ganzen mit Wasser, der spiralförmig abgeschälten Zitronenschale und Zucker weichgekocht, dann durch ein Sieb gerührt und die Suppe mit dem in kaltem Wasser angerührten Stärkemehl gedickt. Noch einmal aufkochen lassen und mit Zucker abschmecken. Die restlichen Früchte werden mit heißem

Wasser überbrüht, die Haut abgezogen, die Kerne entfernt, getrennt mit etwas Zucker weichgekocht und zum Schluß in die Suppe gegeben.

Kirschsuppe

Mengen und Zutaten wie bei Zwetschensuppe.

Weinsuppe mit Schaumklößen

Suppe: 125g Perlsago, 1 Fl. Moselwein, 2 Eigelb, Zucker nach Geschmack
Klöße: 4 Eiweiß, 4 El. Zucker, 1 El. Zitronensaft, 1 El. Weißer Rum.

Der Sago wird mit dem Wasser 20 Min. bei schwacher Hitze gekocht, dann gibt man den Wein und den Zucker dazu, läßt die Suppe aber nicht wieder kochen. Bevor man die Klöße hineingibt, quirlt man die 2 Eigelb unter.
Schaumklöße: Das Eiweiß wird so steif wie möglich geschlagen, dann der Zucker löffelweise unter weiterem Schlagen mit dem Eiweiß verquirlt. Zum Schluß gibt man tropfenweise Zitronensaft und Rum daran. Mit einem Eßlöffel werden die Klöße ausgestochen, auf die heiße, aber nicht mehr kochende Suppe gesetzt und bei geschlossenem Topf 10 Min. gegart.

Brotbiersuppe

4 Scheiben Schwarzbrot, 4 Scheiben Feinbrot, wenig Wasser, 2 Fl. Braunbier, Schale 1 Zitrone, Zucker nach Geschmack

Schwarzbrot und Feinbrot wird zerschnitten, mit Wasser weich gekocht, durch ein Sieb gestrichen, mit geriebener Zitronenschale gewürzt; zuletzt 2 Flaschen Hamburger Braunbier dazugießen und vorsichtig aufkochen lassen. Mit Zucker abschmecken.

Milchbiersuppe

¾ l Milch, 1 Fl. Braunbier, 2 El. Maismehl, Zucker nach Geschmack, geriebene Schale 1 Zitrone

Milch und Bier (einen kleinen Rest zurücklassen) vorsichtig aufkochen lassen, Maismehl mit dem restlichen Bier anrühren und damit die Suppe binden. Mit Zitronenschale und Zucker würzen.

für bati mal machen

fig. 3

Von der Hamburger Aalsuppe

Heinz Lieblingssuppe

Von der Hamburger Aalsuppe

Kein anderes Gericht der Hamburger Küche wird so oft zitiert, gerühmt oder leidenschaftlich verschmäht wie die Hamburger Aalsuppe - sie verkörpert eine kulinarische Weltanschauung und soll deshalb hier auch gesondert beschrieben werden. Wer sie probiert, kann nur dafür oder dagegen sein, wer nach dem ersten Teller noch einen zweiten verlangt, ist der Aalsuppe verfallen und bleibt es auch. Es muß nicht so sein, daß die Bewirtung mit Aalsuppe – als besondere Ehre gedacht - für den Süddeutschen Magen die schrecklichste Pein ist, wenn die Hausfrau den unter Angstschweiß geleerten Teller wieder füllen will, denn es gibt auch viele Binnenländer, die die undefinierbare Eigenart der Aalsuppe auf Anhieb würdigen. Heiß wird es ihnen trotzdem werden, denn die Aalsuppe ist wegen der dazugehörigen zahlreichen frischen Kräuter und Gemüse ein Sommeressen, das aber wegen seiner Mächtigkeit kaum der Jahreszeit entspricht; deshalb war es früher bei festlichen Diners, bei denen die Aalsuppe der Mittelpunkt sein konnte, den Herren erlaubt, nach dem ersten Teller die Frackjacke auszuziehen – für jeden Außenstehenden sicherlich ein hinreißender Anblick.

Wie bei allen geschichts- und traditionsbeladenen Gerichten gibt es auch für die Aalsuppe vielerlei Zubereitungsarten, deren verschiedene Richtungen natürlich erbittert verteidigt werden.

Am schwerwiegensten und wohl nie vollkommen zu klären ist die Frage, ob der Name Aalsuppe wirklich vom Aal oder wegen der vielen Zutaten vom plattdeutschen „all" = alles herkommt, wodurch dann natürlich der Aal in der Suppe überflüssig wird – jedenfalls gibt es beide Suppenarten, von denen die Suppe ohne Aal „saure Suppe" oder „verlorene Aalsuppe" genannt wird.

Die heutigen Zubereitungsarten lassen sich schon in normaler Rezeptlänge beschreiben, trotzdem soll hier nicht auf das „klassiche" Aalsuppenrezept aus dem „Großen Hamburger Kochbuch für alle Stände" von Sophie Charlotte Hommer verzichtet werden:

Aalsuppe für 20 - 24 Personen

Man bereitet von zehn bis zwölf Pfund Ochsenfleisch eine kräftige Bouillon, schäumt sie gut, salzt sie richtig, versieht sie mit einem Bund Kräutern, Wurzelwerk, Porree oder Zwiebeln, zwei Lorbeerblättern und einigen ganzen Muskatblumen, und läßt sie drei bis vier Stunden kochen. Zugleich zieht man die Haut von sechs bis zwölf Pfund Mittel- Aalen ab und nimmt sie aus. Die Flossen schneidet man auf beiden Seiten mit der Schere ab, wäscht die Aale mit etwas Salz so oft, bis das Wasser rein bleibt, läßt sie auf einem Durchschlag abtropfen und schneidet sie in verhältnismäßige Stücke (der Kopf und die Spitze vom Schwanz werden nicht gebraucht), reibt diese inwendig mit Salz ein, gießt lauwarmen Essig darauf und läßt sie einige Stunden damit stehen. Sodann putzt man Petersilien – und gelbe Wurzeln und einen Selleriekopf, oder statt des letzteren ein Pfund Spargel, schneidet alles in feine, erbsengroße Würfel – von jedem ungefähr einen gehäuften tiefen Teller voll –, gibt auch einen Teller voll ungepalte junge Erbsen dazu und kocht in kurzer Suppe das geschnittene Wurzelwerk gar. Die Erbsen und den Spargel kocht man mit etwas Wasser und Butter allein kurz gar. Ferner schält man mehrere gute Mittelbirnen und kocht sie mit halb Rotwein, halb Wasser, einem Stück Kaneel und Zucker schön mürbe.

Nun setzt man zwei Teile Essig und einen Teil Wasser zum Feuer, tut eine Zwiebel, Nelken, schwarzen Pfeffer, ein Bündchen Aalkrautstengel, Salbei und Lorbeerblätter daran, kocht dies eine halbe Stunde, nimmt es dann vom Feuer und gibt die schon abgetropften Aale dergestalt hinein, daß sie mit Flüssigkeit bedeckt sind. Die Aale werden noch eine Viertelstunde langsam gekocht. Nachdem man einen guten Teil frischer Petersilie verlesen, mehrmals gewaschen und gut ausgepflückt hat, hackt man sie recht fein, verfährt ebenso mit anderen Kräutern als Thymian, Majoran, Estragon und Sellerieblättern, gibt die Bouillon durchs Sieb, läßt sie sich absetzen und gießt sie abgeklärt in ein so großes Gefäßt, daß die Suppe fertig gekocht werden kann.

Hat man die Suppe wieder zum Feuer gestellt, so gibt man die unterdeß' gar gewordenen Erbsen und Wurzeln zusammen, setzt sie, wie auch Aal und Birnen, zurück, kocht in dem leer gewordenen Gefäßt zwei Teile der gehackten Kräuter mit etwas Bouillon gar und rührt die Klöße ab. Hierauf setzt man eine passende Casserolle mit knapp zwei Liter Wasser und 375 Gramm Butter zum Feuer und rührt, wenn dies kocht, anderthalb Pfund Mehl solange darin ab, bis es sich vom Gefäß löst. Zuvor hat man sechs bis sieben Eier mit einer geriebenen Muskatnuß und Salz vermischt und gibt sie nach und nach unter stetem Rühren zu der heißen Masse. Die Casserolle setzt man nochmals aufs Feuer, rührt das darin Befindliche so stark, daß es schön klar wird, streut ein wenig Mehl auf eine große Schüssel, formt die Klöße in Gestalt kleiner Eier und läßt sie auf der Schüssel recht rund laufen, oder sticht sie mit einem Löffel ein.
Jetzt schwitzt man 250 Gramm Butter mit ebensoviel Mehl kraus, gibt den dritten Teil der gehackten Kräuter dazu, läßt es nochmals durchschwitzen und gibt es nebst Muskatnuß und Blüte, einer Bouteille Weißwein, etwas gutem Weinessig und nach Belieben etwas Zucker in die kochende Suppe. Sodann setzt man die Hälfte der Klöße ein, läßt aber den Topf offen, nimmt sie heraus, sobald sie gar sind, und legt sie in eine zugedeckte Terrine, setzt die anderen ein, gibt alles Wurzelwerk, die Erbsen wie auch die allein gekochten Kräuter in die Suppe und probiert nach Salz und Säure. Letztere darf nicht zu herbe sein.
Die Suppe muß schön grün und seimig sein. Ist sie dies nicht, so kann man sie für die feinere Tafel noch mit einigen Eidottern abrühren, oder man rührt einen Löffel voll Mehl mit Wasser oder Essig eben und läßt es mit der Suppe durchkochen. Nachdem man die Birnen und Aale in der Terrine verteilt hat, richtet man an. Die Aale kann man auch bei der Suppe geben. Man kann auch zur Hälfte Brot oder Schwemmklöße nehmen.

Zum Nachmachen empfiehlt es sich, Frau Hommers Hinweise auf Konsistenz und Geschmack der Suppe anzunehmen und folgendes Rezept zu versuchen:

Für Claus zum Geburtstag

Hamburger Aalsuppe

12 Pers.

4 - 6 Personen

1 Schinkenknochen (möglichst vom Holsteiner Katenschinken), 3l Wasser, 250g ausgepalte Erbsen, 250g in Würfel geschnittene gelbe Wurzeln, 2 Stangen Porree, in feine Ringe geschnitten, 1 ½ Tassen feingehackte Kräuter (Thymian, Majoran, Estragon, Dill, Petersilie, Tripmadam, Sauerampfer, Kerbel) ½ Sellerieknolle, geschält und gewürfelt, 200g Backpflaumen, 125g Ringäpfel, 500g geschälte und geviertelte Kochbirnen, Salz, 2 El. Essig, 1 El. Zucker, 1 El. Butter, 2 El. Mehl und 800 g frischer Aal

Den Schinkenknochen in einem großen Topf mit 3l Wasser aufsetzen und ca. 1 Std. kochen lassen. Inzwischen Backpflaumen und Äpfel in heißem Wasser einweichen. Dann das geputzte Gemüse in die Schinkenbrühe geben, nach einer halben Stunde den Knochen herausnehmen, die Fleischreste abkratzen, in die Brühe zurücktun und das Backobst mit dem Einweichwasser dazugeben. Butter und Mehl in einer Tasse zu einem glatten Kloß verkneten, damit die Brühe sämig rühren und 3 Min. kochen lassen. Mit Essig, Zucker und Salz abschmecken. Den Aal abziehen, entgräten, in Stücke schneiden und mit den gehackten Kräutern in der Brühe ca. 15 Min. ziehen lassen. Die Kochbirnen vorher getrennt in Wasser mit Zucker weichkochen und kalt dazu servieren. Dazu Schwemm- oder Mehlklöße, die in Salzwasser gegart werden.
Man kann die Aale auch fortlassen, dann ist es eine

Verlorene Aalsuppe

Saure Suppe

1 Katenschinkenknochen mit reichlich Fleischresten, 3 l Wasser, 250 g Wurzeln, ½ Sellerieknolle, 1 Stange Porree, 1 Petersilienwurzel, 250g frische gepalte Erbsen, je 150g getrocknete Birnen, Apfelringe und Backpflaumen, 1 Tasse gehackte, frische Kräuter (Thymian, Majoran, Dill, Estragon, Petersilie, Tripmadam, Sauerampfer, Kerbel) ½ Tasse Weinessig, 1 El. Zucker, Salz

Schinkenknochen mit dem Wasser aufsetzen und ca. 1 Std. kochen lassen. Das Backobst in heißem Wasser einweichen. Das geputzte, kleingewürfelte Gemüse in die Brühe geben und alles eine weitere halbe Stunde bei mittlerer Hitze kochen. Den Knochen herausnehmen, die Fleischreste abkratzen und wieder in die Brühe tun. Die gehackten Kräuter und die eingeweichten Trockenfrüchte zum Schluß in die Suppe geben. Mit Essig, Salz und Zucker abschmecken, die Suppe muß deutlich süß – sauer schmecken.
Dazu Schwemmklöße, die man in der Brühe garziehen läßt.

Notizen & weitere Rezepte:

fig. 4

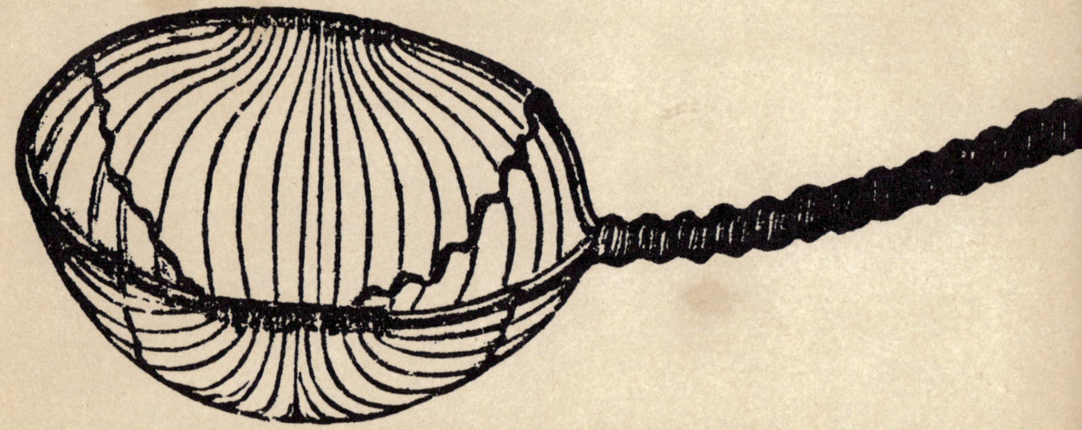

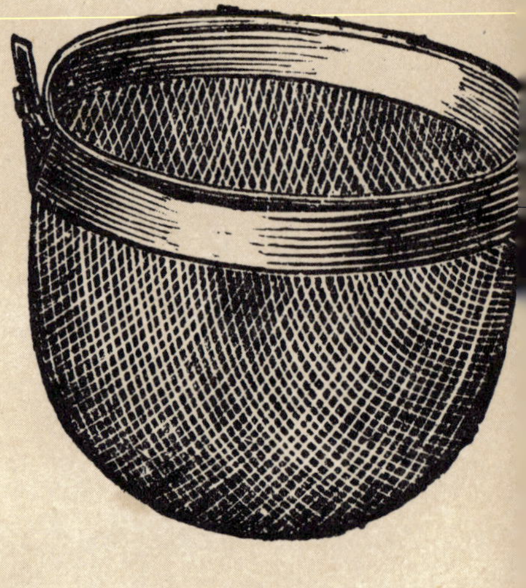

Klüten oder Klöße

Klüten oder Klöße

Klüten ißt man in Hamburg nicht nur in Suppen, sondern auch als traditionelle Beilage zu deftigen Fleischgerichten, oder – wie die Hamburger Rauchfleischklöße – als Hauptgericht mit brauner Butter und Grünkohl.
Auf ein ähnliches Essen bezieht sich auch der Spruch aus einem Finkenwerder Ewer:

„Hüt Klüt, morgen Fisch,
vergnögt gaht wie to Disch"

(Gorch Fock, „Seefahrt ist not")

Schwemmklöße

1/8 l Milch, 40g Butter, 60g Mehl, 1 Ei, Salz, Muskat

Milch, Butter, Salz und Muskat zum Kochen bringen, dann das Mehl hineinrühren. Den Topf vom Herd nehmen, das Ei hineinquirlen, mit zwei nassen Löffeln ovale Klöße ausstechen und in der Suppe oder getrennt in Salzwasser garen.
Zu Aalsuppe, Frischer Suppe etc.

Mehlklöße

125g Mehl, 1/4l Wasser, 125g Butter oder Margarine,
1 Ei, Salz

Das Mehl in eine Schüssel sieben und in die Mitte eine Vertiefung machen. Das Wasser mit der Butter aufkochen, in die Vertiefung schütten und solange rühren, bis sich die Masse gebunden hat, dann das Ei und etwas Salz dazugeben. Mit zwei nassen Löffeln Klöße formen und in leicht gesalzenem, kochenden Wasser garen, bis sie schwimmen. Mit der Schaumkelle herausnehmen und in die Suppe geben.
Zu Aalsuppe.

Grießklöße

60g Grieß, ¼ l Wasser, 2 El. Butter, 2 Eier, Salz

Butter in dem Wasser aufkochen lassen, dann den Grieß bei mäßiger Hitze einrühren, bis eine glatte Masse entstanden ist. Den Topf vom Herd nehmen, etwas abkühlen lassen und anschließend die Eier dazurühren. Dann die Klöße formen und in kochendem Salzwasser garen lassen, bis sie schwimmen.
Zu Fruchtsuppen, besonders Fliederbeersuppe

Hamburger Fettklöße

250g Mehl, 250g Butter, Margarine oder Schmalz, ¼ l kochendes Wasser, 250g geriebene kalte gekochte Kartoffeln, Salz

Man schüttet das Mehl in eine Schüssel, gibt das geschmolzene, brutzelnde Fett, etwas Salz und das kochende Wasser dazu, rührt alles gut durcheinander und läßt es abkühlen. Dann werden die geriebenen Kartoffeln daruntergeknetet, Klöße geformt, die man 8–10 Min. in sprudelndem Salzwasser garen läßt.
Zu Schweinebraten und Hamburger Plockfinken.

Kartoffelklöße

1 kg gekochte Kartoffeln, 50g Butter oder Margarine, geriebene Muskatnuß, Salz, in Butter geröstete Weißbrotwürfel

Die gekochten und gepellten Kartoffeln werden noch warm durch ein Sieb gerührt und mit der Butter, Salz und geriebener Muskatnuß gut vermischt. Man formt mit den Händen (evtl. etwas mit Karoffelmehl bestäuben) oder zwei großen Löffeln Klöße, drückt in jeden in die Mitte einen gerösteten Weißbrotwürfel und gart die Klöße 10 Min. in kochendem Salzwasser.
Zu Schweine- Enten- Gänsebraten etc.

Im Reformhaus besorgen.

Buchweizenklöße

1 kg Kartoffeln, 100g fetter Speck, 250g Buchweizenmehl, 4 Eier, warme Milch, Salz, 50g Butter

Die gekochten und gepellten Kartoffeln werden gestampft oder gepreßt, der Speck feingewürfelt und mit dem Buchweizenmehl, den Eiern und Salz zu den Kartoffeln gegeben. Man gießt soviel warme Milch dazu, daß ein gut knetbarer Teig entsteht. Daraus Klöße formen und in siedendem Salzwasser ca. 15 Min. ziehen lassen. Nach dem Herausnehmen mit geschmolzener Butter übergießen.

Rundstücken? Brötchen!

Hamburger Rauchfleischklöße

200g Butter, 2 Eier, 4 Eigelb, 4 El. Mehl, 2 in Milch eingeweichte Rundstücke, 2 geröstete, gewürfelte Rundstücke, Salz, geriebener Muskat, 200g Rauchfleisch, gehackte Petersilie

In einer Schüssel werden Eier, Eigelb und Butter mit geriebenem Muskat und Salz verrührt, dann das gesiebte Mehl hinzugegeben und Masse mit den ausgedrückten sowie den gewürfelten Rundstücken und der Petersilie verknetet. Daraus formt man Klöße und kocht sie in siedendem Wasser ca. 15 Min. bis sie schwimmen. Nach dem Herausnehmen mit gebräunter Butter begießen.
Zu Grünkohl.

genau nachmachen.

Notizen & weitere Rezepte:

Kuchen von kalten Kartoffel.

Gekochte Kartoffel stampft man zu einem weichen Brei, aber nicht zu weich mit Milch und Salz, wünscht man solchen etwas besser, so rührt man wenn der Brei kochend heiß ist einige Eier durch, giebt es in eine kalt ausgespülte Schüssel, und wenn der Kuchen kalt ist, schneidet man ihn in Seiten hellbraun.

fig. 5

Pasteten und a

dere Vor- und Zwischengerichte

Die oft etwas überschwängliche Vorliebe des Hamburgers, seinen Gästen ein besonders üppiges Mahl vorzusetzen, hat den Rath der Stadt bewogen, 1609 eine Verordnung zu erlassen, daß auf den „fürnehmsten, sogenannten ganzen oder Wein – Hochzeiten nicht mehr als vier Gerichte gespeiset werden, als zum ersten Pasteien, zum anderen gesottenes Schafs- oder Ochsenfleisch, zum dritten Mandelmuß nebst einem Beigericht von Wild oder Fischen, zum vierten Gebratenes. Hernacher Butter und Käse, wie denn auch nachdem das Tischtuch aufgehoben, Krullkuchen, Äpfel, Birnen und dergleichen in diesem Lande gewachsenen Früchte."
Man kann sich bei dieser Speisenfolge kaum vorstellen, daß die fehlende Suppe allzu schmerzlich vermißt worden ist, zumal zu den Pasteien (Pasteten), mit denen das Mahl begann, nur verwendet wurde „was immer man Delikates haben kann als Austern, Muscheln, Hahnenkämme, Zungen, zarte Hühnchen, Tauben, Enten und andere Vögel, sowie alles, was sonst nur einen angenehmen Geschmack verheißt." Dazu kamen kräftige Gewürze, wie Muskatblüten, Nelken, Zimt, Cardamom, kandierte Pomeranzen, Zitronenschale, Rosinen, Datteln und vieles andere.
Auch nachdem das Suppenverbot längst aufgehoben war, gehörten die Pasteten nach wie vor in die Speisenfolge eines Hamburger festlichen Menüs, und zwar entweder als Vorgericht nach der Suppe oder, wie es Hertha Behnke gelegentlich vorschlägt, als Zwischengericht nach den Hauptgerichten und vor dem Desert.
Zu den Pasteten zählen auch die Pies, die mit einem anderen Teig verarbeitet werden und die Pains ohne Teig. Unseren veränderten Eßgewohnheiten entsprechend kann man alle drei Arten heute einzeln als Abendessen servieren und gibt dazu frischen Salat und Saucen.

Wein bestellen. Frische Champignons

Austernpastete

16 Austern, ca. 500g fertiger Blätterteig, 500g Fischfilet, 2 Scheiben Weißbrot, 200g Champignons, 1 Glas Weißwein, Salz, 2 El. Butter, 1 Ei

Boden und Seitenwände einer Pasteten- oder Auflaufform werden mit Butter bestrichen und dem ausgerollten Blätterteig ausgeschlagen. Die Austern werden vorsichtig geöffnet, das Fleisch herausgenommen und auf einem Teller beiseite gestellt. Das Wasser gießt man in eine Schüssel, löst die Bärte aus den Schalen und kocht sie mit dem Fischfilet oder dreht beides durch den Fleischwolf. Masse mit dem Austernwasser und den in Weißwein eingeweichten Weißbrotscheiben verrühren. Champignons putzen, mit dem Wiegemesser feinhacken, in Butter anschwitzen, salzen und ebenfalls zu der Fischfarce rühren.

Das Ganze noch etwas salzen und ungefähr dritteln. Dann streicht man eine Schicht Farce auf den Blätterteig, legt darauf acht Austern darüber wieder eine Schicht Farce, die übrigen Austern und wieder Farce, bedeckt das Ganze mit dem restlichen Blätterteig, den man außen mit verquirltem Ei bepinselt und bäckt die Pastete ca.1 Std. bei mittlerer Hitze im vorgeheizten Backofen.

Dazu evtl. noch Austernsauce.

Beefsteakpastete nach Hamburger Art

750g Beefsteak, 500g fertiger Blätterteig, 250g Schweinehack, 30g Butter, 2 Eier, 125g durchwachsener Speck in dünnen Scheiben, 6 Schalotten, 200g Champignons, 1 kl. Glas Madeira. 1 Scheibe Weißbrot, Worcestersauce, Salz, Pfeffer

Das Beefsteak wird in acht Scheiben geschnitten, diese in einer Pfanne in rauchendheißer Butter auf beiden Seiten angebräunt, gesalzen und gepfeffert. Dann verknetet man Schweinehack mit dem eingeweichten Weißbrot, Salz, Pfeffer und Worcestersauce zu einer Farce. Die feingehackten Schalotten werden mit den geputzten, kleingeschnittenen Champignons in der Beefsteakpfanne in

Butter angebräunt und der Bratenfond mit Madeira gelöst. Dann bestreicht man Boden und Seitenwände einer Pastetenform mit Butter und verkleidet sie mit dem ausgerollten Blätterteig. Der Teigboden wird mit der Hälfte der Speckscheiben belegt und darauf die Hälfte der Farce, die angebratenen Beefsteaks und die Schalotten mit Champignons geschichtet. Dann wieder Farce, die man mit dem Bratenfond begießt, und Speckscheiben. Dann schließt man die Form mit dem restlichen Blätterteig und bäckt die Pastete 1 Std. bei mittlerer Hitze im Backofen.
Dazu Madeira- oder Champignonsauce.

Hamburger Kükenpastete

2 Küken oder junge Hähnchen, 500g fertiger Blätterteig, 250g Kalbs- oder Schweinehack, 50g Krebsbutter, falls vorhanden einige Krebsschwänze, sonst 100g Krabben, 200g Champignons, 100g Butter, 1 Zitrone, Salz, Pfeffer, 1 Ei

Die Küken oder Hähnchen werden enthäutet, das rohe Fleisch von den Knochen gelöst, mit Zitronensaft beträufelt, gesalzen und in einer Pfanne in reichlich Butter kurz angebraten. Das Hackfleisch wird mit der Krebsbutter, Krabben oder Krebsen und Salz gründlich vermischt, dann die Champignons geputzt, in Scheiben geschnitten, in der Pfanne angebraten und mit Salz, Pfeffer und Zitronensaft gewürzt. Die gefettete Pasteten- oder Auflaufform mit dem ausgerollten Blätterteig ausschlagen und übereinander die Hälfte der Farce, das Kükenfleisch, die Champignons und die restliche Farce einschichten und das Ganze mit Blätterteig überdecken, der mit verquirltem Ei bestrichen wird. 1 Std. bei mittlerer Hitze im vorgeheizten Backofen backen.
Dazu Champignonsauce.

Schinkenpain

750g magerer gekochter Schinken, ¼ l süßer Rahm, 4 Eier, 2 El. Butter, 2 El. Mehl

Der Schinken wird durch den Fleischwolf gedreht.
Aus Butter und Mehl bereitet man eine Mehlschwitze, rührt sie mit dem Rahm glatt und läßt sie unter ständigem Rühren aufkochen. Etwas abkühlen lassen und mit dem Schinken und den Eiern vermischen. Die Masse wird in eine gut gefettete und gemehlte Ringform gefüllt, die man in einen halb mit kochendem Wasser gefüllten Topf stellt und mit geschlossenem Deckel bei mittlerer Hitze 1 Std. im vorgeheizten Backofen garen läßt. Dann wird der Pain auf eine vorgewärmte Platte gestürzt. Dazu eisgekühlter Sahnemeerrettich (¼l steifgeschlagene Sahne mit 5 El. angemachtem Meerrettich verrührt)

Fischpain

Hat Oma immer gekocht

1 kg Schellfisch, 1 Bd. feingehackte Petersilie, 2 alte geschälte Rundstücke, etwas Milch, 1 El. Butter, 1 El. Mehl, ⅛ l süßer Rahm, 2 Eier, Salz, Zitronensaft

Das Fischfleisch wird von Haut und Gräten gelöst, durch den Fleischwolf gedreht und mit der feingehackten Petersilie vermischt. Die geschälten, in Milch eingeweichten Rundstücke ausdrücken und mit dem Fisch vermengen. Aus Butter und Mehl eine Mehlschwitze machen, mit dem Rahm glattrühren und unter ständigem Rühren 3 Minuten kochen lassen, dann mit dem Fischfleisch vermischen und die Masse mit Salz und Zitronensaft würzen. Zum Schluß rührt man noch 2 Eier unter.
Weitere Zubereitung wie bei Schinkenpain.
Dazu Krebs- oder Meerrettichsauce.

Spinatpudding

1 ½ kg Spinat, 2 – 3 alte Rundstücke, Milch zum Einweichen, 1 kl. feingehackte Zwiebel, 5 Eier, 1 Tl. Senf, geriebener Muskat, Salz

Den gewaschenen Spinat in wenig Salzwasser kurz aufkochen und abtropfen lassen. Die eingeweichten Rundstücke werden etwas ausgedrückt, zerkleinert und mit den Eigelb, der gehackten Zwiebel, dem Senf und frisch geriebenem Muskat verrührt. Zuletzt gibt man den Spinat und den steifen Eischnee dazu und füllt das Ganze in eine gut gefettete Auflaufform, die man ½ Stunde im Wasserbad (am besten im Backofen) offen kochen läßt.

Fleischpudding

500 g Fleischreste (gekocht oder gebraten) 125 g gem. Hack, 2 alte Rundstücke, Milch zum Einweichen, 1 kl. feingehackte Zwiebel, 2 Eier, 1 Tl. Salz, Pfeffer, Butter oder Margarine, Paniermehl

Fleisch, Hackfleisch und die eingeweichten, leicht ausgedrückten Rundstücke durch den Fleischwolf drehen, mit der Zwiebel, den Eiern, Salz und Pfeffer verkneten und in eine ausgefettete, mit Paniermehl bestreute feuerfeste Deckelform füllen. Die festverschlossene Form in einen Topf mit kochendem Wasser stellen und im Ofen bei mittlerer Hitze eine Stunde kochen lassen.
Dazu Meerrettichsauce.

Schmeckt wunderbar

Warme Käsebrote

250 g geriebener Schweizer Emmentaler, 60 g Butter, 1 Ei, 1 Meterbrot

Die Butter rechtzeitig warmstellen, damit sie geschmeidig ist, dann mit dem geriebenen Käse und dem Ei gut vermischen. Dünne Scheiben Meterbrot werden dick damit behäuft und im Backofen bei guter Hitze überbacken, bis sie goldbraun sind. Wenn möglich erst Unterhitze, und nachdem der Belag aufgegangen ist, Oberhitze verwenden.
Diese Käsebrote sind ein köstlicher Nachtisch nach einem Fischessen.

Welsh Rarebit

200 g Chesterkäse, etwas Braunbier oder Pilsener,
ca. 60 g Butter, Cayennepfeffer, 1 Meterbrot

Von dem ganzen Weißbrot wird die Kruste abgeschnitten, dann schneidet man es in Scheiben, röstet sie kurz und bestreicht sie mit Butter. Der Chester wird in Würfel geschnitten und mit etwas Braunbier in einer kleinen Kasserolle auf dem Herd geschmolzen, bis eine cremige Masse entsteht. Mit Cayennepfeffer vorsichtig abschmecken, dann ca. 1 cm dick auf die Weißbrotscheiben streichen und im heißen Backofen kurz überbacken.
Schmecken herrlich zu klarer Ochsenschwanzsuppe.

für schöne Stunden!

Hamburger Rundstück

4 Rundstücke, 8 Scheiben Kalbs- oder Schweine-
braten (Reste) 4 Gewürzgurken, Bratensauce (Rest)

Die frischen Rundstücke werden halbiert und jede Seite mit einer dicken Bratenscheibe und den der Länge nach aufgeschnittenen Gewürzgurken belegt. Dann gießt man die sehr heiße Bratensauce darüber. Statt der Gewürzgurken kann man auch Salatblätter und Tomatenscheiben nehmen.

Gänseleber mit Äpfeln

Originalrezept meiner Großmutter

Eine abgehäutete Gänseleber wird mit Butter rasch ringsum angebraten. In ein irdenes oder Porzellantiegelchen gibt man etwas Gänsefett, schneidet darüber 1 cm dicke Scheiben von säuerlichen Äpfeln, von denen vorher das Kernhaus ausgestochen ist, legt die halbfertige Leber darauf, bestreut sie mit gestoßenem Zucker und dünstet die Leber und Äpfel weich. Man kann nach Geschmack auch mit etwas Zitrone würzen. Auf heißem Weißbrot servieren.
Da man heute in Deutschland keine Stopfleber, die hier gemeint ist, mehr bekommen kann, muß man stattdessen eine normale Gänseleber pro Person rechnen.

Möweneier

Pro Person 3 – 5 Möweneier, frische Kresse, ½ kg Salz

Die Möweneier werden in lauwarmem Wasser aufgesetzt, ca. 8 Minuten hartgekocht, abgeschreckt und sofort in eine mit Salz gefüllte Schüssel gesteckt. Beim Essen schält man sie ab, setzt sie auf eine Handfläche, schlägt mit der anderen Hand darauf, damit das Eiweiß sich leicht als Hütchen abschneiden läßt. Dann stibbt man das Eigelb in Salz und Kresse und ißt das Ei aus der Hand.
Dazu heißes Meterbrot mit Butter.

Kiebitzeier mit warmen Schinkenbroten

8 Kiebitzeier, 8 Scheiben Toastbrot, Butter, Senf, 4 Scheiben Schweizer Emmentaler, 4 Scheiben gek. Schinken, ½ kg Salz

Die Eier werden wie Möweneier hartgekocht und angerichtet. In der Zwischenzeit das Brot leicht antoasten, mit Butter und Senf bestreichen und auf 4 Brote je 1 Scheibe Emmentaler und gekochten Schinken legen, mit den restlichen Broten bedecken. Dann brät man sie mit wenig Butter ca. 5 Minuten bei mittlerer Hitze in der Pfanne und dreht sie dabei einmal um.

Notizen & weitere Rezepte:

Hammelragout.

Das in Stücke geschnittene Fleisch wird mit kaltem Wasser aufgesetzt, abgeschäumt und weich gekocht, dann macht man die Sause dazu. Zu 2 Pfd. Fleisch nimmt man 5 – 6 Lth. Butter 1/2 Löffel Mehl 3-4 Pfefferkörner 1 Citronenscheiben 1 Lorbeerblatt und Salz. Man kann auch einige fein geschnittene Zwiebel dazuthun. Ist die Butter kaum zergangen, giebt man das Mehl hinein, hebt sich dieses kaum, rührt man ~~dieses hinein~~ es mit der Brühe ab aber gar kein Fett gibt das Gewürz hinein, läßt die Sauce noch 1/4 Std kochen reibt sie dann durch gibt sauren Rahm und Gurken und das Fleisch hinein. Auf diese Weise bleibt es weiß um braunes Ragout zu machen läßt man Butter und Mehl braun werden, rührt es mit Bouillon so wie vorher

fig. 6

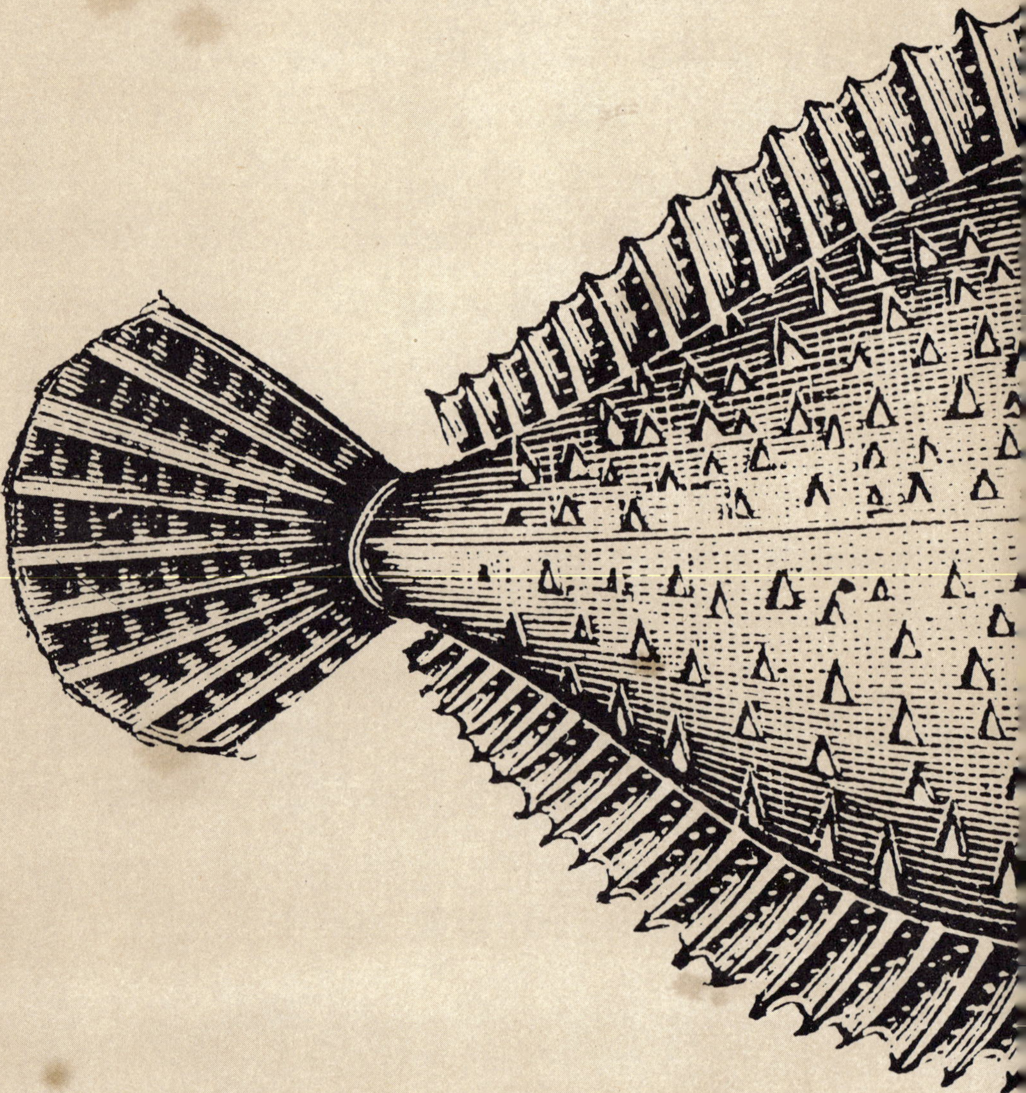

Fisch

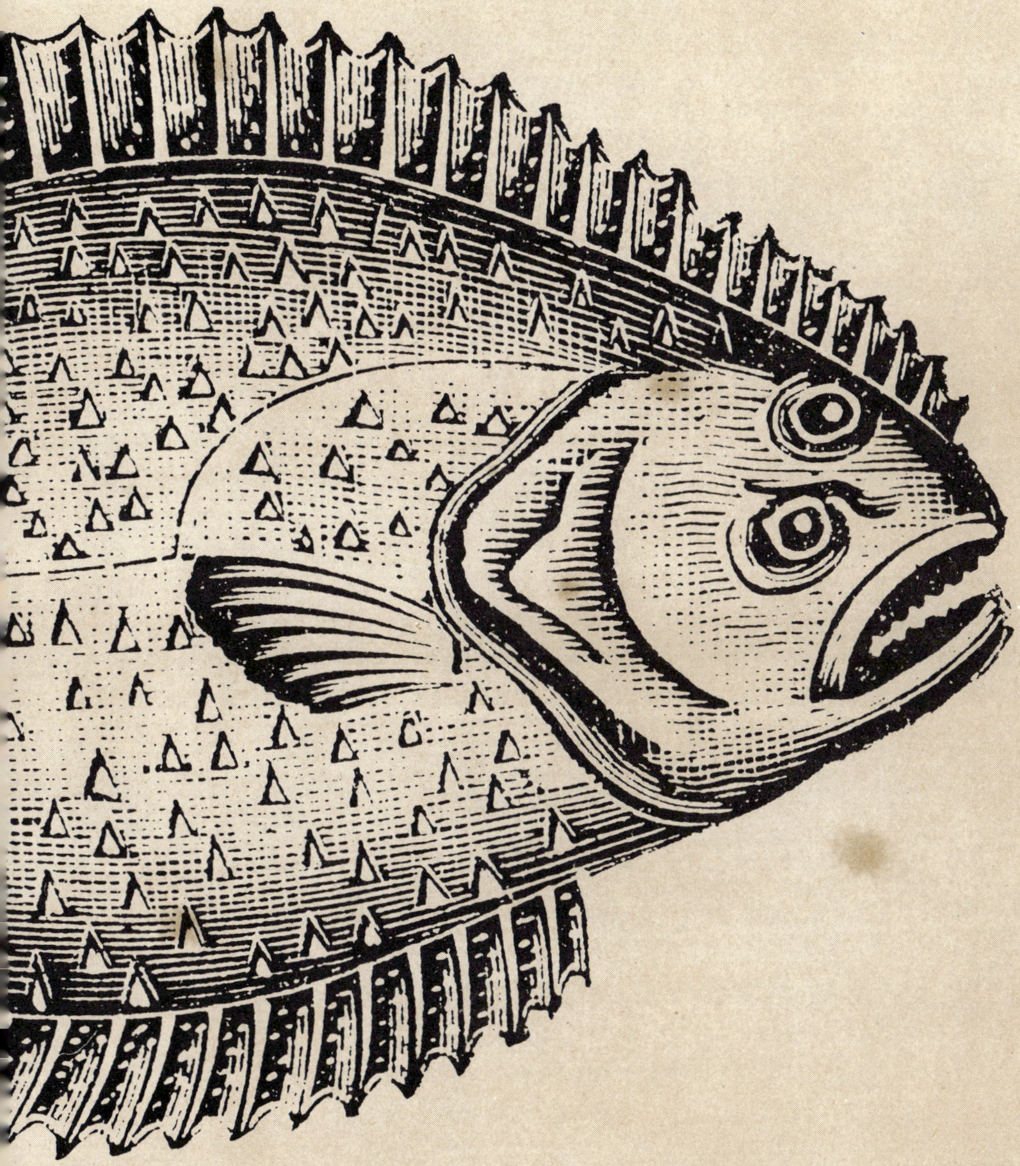

Von der Hamburger Küche erwartet man vor allem typische Fischgerichte,denn die Lage der Stadt an Alster und Elbe mit der unmittelbaren Nähe von Nord- und Ostsee und dem seenreichen Schleswig-Holstein bot zumindest bis zur Verschmutzung der Flüsse eine sonst selten anzutreffende Vielfalt.

Januario: Karpen, Karuschen
Februario :frischen Lachs oder frischen Stint
Martio: Sturen, Kabbelau, Dorsch
Aprili: Den großen Stähr, neue Schollen, frische Rochen
Majo: Maifisch und Ellften
Junio: Barben, Tungen Tahrbutt, neuen Hering, Krebs
Augusto: Schnäpeln, Hummers
Septembri: die besten Bütte
Oktobri: Quappen, Muscheln
Novembri: Oesters
Dezembri: Hechte, Neunaugen
(Aus einer Anekdotensammlung von 1650)

Bei so reicher Auswahl ist es verständlich, daß in den meisten Hamburger Familien früher zweimal in der Woche Fisch gegessen wurde, und Fisch - besonders Lachs, der schon immer eine teure Delikatesse war - auch zum „feineren Menü" gehörte. Aber nur schwer kann man sich heute vorstellen, daß noch Ende des 19. Jh. die Hamburger Dienstmädchen in ihrem Anstellungsvertrag schriftlich bestätigt bekamen, nur einmal in der Woche Stör essen zu müssen!

Aal in Gelee

1,5 kg Aal, ½ l Wasser, ¼ Tasse Essig, 1 Zwiebel, einige Pfefferkörner, 2 Lorbeerblätter, ¼ Tasse Zitronensaft, 4 Tl. Salz, 1 Bd. grobgehackte Petersilie, 1 hartes Ei

Den Aal waschen, kurz in kochendes Wasser legen, herausnehmen und noch einmal mit kaltem Wasser abspülen, dann häuten und in

ca. 5 cm lange Stücke schneiden. Diese in einer Kasserolle mit Wasser, Essig, der in Ringe geschnittenen Zwiebel, den Lorbeerblättern, Salz und Pfefferkörnern kochen, auf mittlere Hitze zurückschalten, den Topf zudecken und das Ganze 20 Minuten weiterkochen lassen. Die Aalstücke herausheben, in eine flache Auflaufform legen und den Zitronensaft an die Fischbrühe rühren. Die Brühe über die Aalstücke gießen, Lorbeerblätter und Zwiebelringe gleichmäßig verteilen, Petersilie darüberstreuen und die Form mindestens 4 Stunden in den Kühlschrank stellen. Die Fischbrühe ist dann weicher Gelee. Vor dem Servieren mit Scheiben von hartgekochtem Ei garnieren.
Dazu getoastetes Weißbrot.

Toni mag lieber grünen Salat

Aal in Dill

Ca. 1 kg frischer Aal, ¼ l Wasser, ¼ l herber Weißwein, 1 Lorbeerblatt, 1 Zwiebel, 1 Bd. Petersilie, Saft und Schale einer Zitrone, 1 El. Butter, 1 El. Mehl, 1 Ei oder 2 Eigelb, ⅛ l süßer Rahm, 3 Bd. frischer Dill, Pfeffer, Salz

Aal waschen, ohne Kopf und Schwanz in ca. 5 cm große Stücke schneiden, mit Zitronensaft beträufeln, in Wasser und Wein mit der Zwiebel, der grobgehackten Petersilie, der Zitronenschale und den Gewürzen 30 Minuten sieden, nicht kochen lassen. Die Aalstücke herausnehmen und warmstellen. Für die Sauce eine helle Mehlschwitze machen, mit dem Fischsud glattrühren, 3 Minuten kochen lassen, dabei gut umrühren, reichlich feingehackten Dill dazugeben, kurz mitkochen und zum Schluß den Rahm hineinrühren. Die heiße Sauce über die Aalstücke gießen und sofort servieren.
Dazu Pellkartoffeln und Gurkensalat.

Finkenwerder Maischollen

4 Schollen, Saft einer Zitrone, Mehl, 2 Eier, Paniermehl, Butter zum Braten

Die Schollen werden ausgenommen, Kopf, Schwanz und Flossen abgeschnitten; dann wäscht man sie innen und außen und trocknet sie gut ab. Mit Zitronensaft beträufeln und salzen. Dann wendet man die Schollen zuerst in Mehl, dann in den verquirlten Eiern, zum Schluß in Paniermehl. In reichlich heißer Butter auf beiden Seiten goldgelb backen. Mit Zitronenscheiben garnieren.
Man kann die Schollen auch in ausgelassenem, feingewürfelten Speck und Butter braten.
Dazu Kartoffelsalat oder Petersilienkartoffeln mit Gurkensalat.

Gebackene Seezunge

4 Seezungen, Saft einer Zitrone, 2 Eier, Paniermehl, Butter zum Braten

Kopf, Schwanz und Flossen werden abgeschnitten und die Haut von den Fischen abgezogen; danach mit Zitronensaft beträufeln, salzen und etwas ziehen lassen. Dann wendet man sie nacheinander in den verquirlten Eiern und Paniermehl und bäckt sie in heißer Butter auf beiden Seiten goldbraun. Auf einer vorgewärmten Platte mit Zitronenscheiben anrichten.
Dazu Petersilienkartoffeln und Kräuterbutter.

Seezungenfilets mit Champignons in Weißwein

Originalrezept meiner Großmutter

Die Seezungen werden beim Fischmann filetiert. Man putzt die Champignons und schneidet das sandige Stielende ab. Dann werden sie mehrfach gewaschen, weil sie sonst leicht sandig sind und in dünne Scheiben geschnitten. Dann gibt man Butter in eine Casserolle, Wein dazu – nicht zu viel – und dämpft darin die Champignons, bis sie fast gar sind. Dann bindet man die Sauce mit in Wasser angerührtem Stärkemehl so, daß sie recht steif ist, weil sie später durch den austretenden Fischsaft verdünnt wird. Man läßt die Seezungenfilets ca. 10 Min. darin ziehen.

Zum Nachmachen:
Pro Person 200 - 250 g bzw. 2 Seezungenfilets
Für die Sauce 1/4 l herber Weißwein, 60 g Butter und 300 - 500 g Champignons. Zum Andicken Maismehl.

Stinte

Pro Person 10 - 15 Stinte, 2 Eier, 1 Tasse Buchweizenmehl, Salz, Zitronensaft, Petersilie, reichlich Butter oder Margarine

Die kleinen Fische werden ausgenommen, Kopf und Schwanz müssen aber dran bleiben, und gesalzen. Dann wendet man sie in den verquirlten Eiern und anschließend in Buchweizenmehl und bäckt sie, indem man die Fische mit dem Schwanz nach innen sehr dicht nebeneinander sternförmig in der Pfanne auslegt, in so viel rauchendheißem Fett, daß sie davon bedeckt sind. Wenn die Fische auf der einen Seite braun gebraten sind, kann man sie wie einen Pfannkuchen im Ganzen umwenden. Vor dem Wenden mit Zitronensaft beträufeln und mit grobgehackter Petersilie bestreuen. Die fertigen Fische werden auf einer vorgewärmten Platte im geheizten Backofen warmgestellt.
Dazu Kartoffelsalat.

Steinbutt

1 - 1 1/2 kg Steinbutt, möglichst in einem Stück, reichlich Salz

Den ausgenommenen, gut gewaschenen Steinbutt möglichst im Ganzen in einem Fischkessel oder großen Topf kochen.
Man legt den Fisch auf den Einsatz oder auf eine Serviette und senkt ihn vorsichtig in kochendes Salzwasser (die Serviettenzipfel werden am Topf befestigt) und läßt ihn 15 - 20 Min. ziehen. Beim Anrichten nimmt man den Fisch mit dem Einsatz oder der Serviette heraus, läßt ihn abtropfen und vorsichtig auf eine vorgewärmte Platte gleiten.
Dazu Zitronenscheiben, Salzkartoffeln, geschmolzene Butter und feingehackte Petersilie oder Hollandaise.

Dwarslöper

Pro Person 1 lebender Taschenkrebs (Man kann die Krebse gelegentlich auch schon gekocht kaufen)

In einem großen Topf reichlich Wasser sprudelnd kochen lassen, die Krebse hineinwerfen, 5 Min. im zugedeckten Kopf kochen lassen, dann müssen sie noch ca. 15 Min. ziehen, bis sie leuchtend rot sind, und anschließend in dem Wasser erkalten. Den harten Panzer und die Scheren aufbrechen, man kann das ganze Innere essen. Dazu heißes Weißbrot, Zitronensaft zum Beträufeln und evtl. Kräuterremoulade.

Miesmuscheln

Kann Wolfgang sich rund dran essen!

Pro Person 30 frische Pfahlmuscheln, 1 Stange Porree, 3 Wurzeln, 1 Petersilienwurzel, 2 Lorbeerblätter, 3 Zwiebeln, Pfefferkörner, Salz, 1/4 l Weißwein

Die Muscheln gründlich unter fließendem Wasser abbürsten und darauf achten, daß alle fest verschlossen sind. Das Gemüse putzen und mit den Gewürzen in reichlich Wasser aufkochen. In das kochende Wasser die Muscheln hineinschütten und solange kochen, bis sie sich öffnen (einzelne immer noch geschlossene Muscheln aussortieren und wegwerfen). Aus der Brühe nehmen, in tiefe Teller füllen, den Weißwein zu der Brühe geben und damit die Muscheln begießen.
Dazu heißes Meterbrot oder dunkles Brot und Butter.

Schellfisch

1 - 1 1/2 kg Schellfisch am Stück, ca. 2 l Wasser, 1/4 l Essig, 3 El. Salz

Den Schellfisch möglichst im Ganzen kaufen, ausnehmen und schuppen lassen, aber Kopf und Schwanz daranlassen.
Unter fließendem Wasser abwaschen und auf den Einsatz eines Fischtopfs oder eine große Serviette legen und vorsichtig in das mit

den Gewürzen kochende Wasser senken. Der Fisch muß gut mit Wasser bedeckt sein. Wenn das Wasser wieder zu sieden beginnt, Temperatur zurückschalten und den Fisch 15 - 20 Min. ziehen lassen. Auf einer vorgewärmten Platte anrichten. Dazu Salzkartoffeln und Petersilien- oder Krebssauce.

Fischtopf essen
von Tante Anna

Dorsch und Kabeljau

Zubereitung wie bei Schellfisch

Dazu Salz- oder Petersilienkartoffeln und Senf-, Petersilien- oder Travemündersauce.

Pannfisch

(Resteverwertung von Kochfisch)

750 g Kartoffeln, 2 El. Butter oder Margarine, mindestens 250 g gekochter Fisch, 3 Tl. Senf, ¼ l Wasser oder Fischsud, Salz, gehackte Petersilie

Die Kartoffeln mit der Schale kochen, abpellen und in Scheiben schneiden. Butter heiß machen und die Kartoffeln darin unter öfterem Wenden anbraten, dann den Fisch dazugeben (ohne Haut und Gräten) und den in Wasser oder Fischsud verrührten Senf darübergießen. Alles gut durchrühren und in der geschlossenen Pfanne ca. 10 Min. braten lassen. Mit Salz und evtl. Senf abschmecken und beim Anrichten mit gehackter Petersilie bestreuen.

Am 11. Juni für
Claus

Matjeshering

Pro Person 3 - 4 Matjesfilets, 3 Zwiebeln

Die Matjesfilets gut wässern oder über Nacht in Milch einlegen, damit sie nicht zu salzig sind. Auf einer Platte über zerhackten Eisstücken anrichten und mit Zwiebelringen belegen.
Dazu Schneidebohnen in Béchamelsauce, Pellkartoffeln und Specksauce.

nichts vergessen!

Krabben in Dill

600 g Krabbenfleisch, ½ l milde Fleischbrühe, 1 El. Butter, 1 El. Mehl, ⅛ l süßer Rahm, 2 Eigelb oder 1 ganzes Ei, 2 Bd. Dill, Salz

Aus Butter und Mehl eine Mehlschwitze machen, mit der Brühe glattrühren und 3 Min. kochen lassen. Bei schwacher Hitze die Eigelb oder das Ei, den Rahm und den sehr feingehackten Dill unterquirlen. Zum Schluß die Krabben dazugeben und erhitzen, aber nicht kochen. Evtl. etwas salzen.
Dazu körnig gekochter Reis.
Nimmt man dies Gericht als warme Vorspeise, so rechnet man 200 g Krabbenfleisch und ⅜ l Brühe.

Mein Lieblingsessen
ingepult Krabben [illegible]

Notizen & weitere Rezepte:

fig · 7

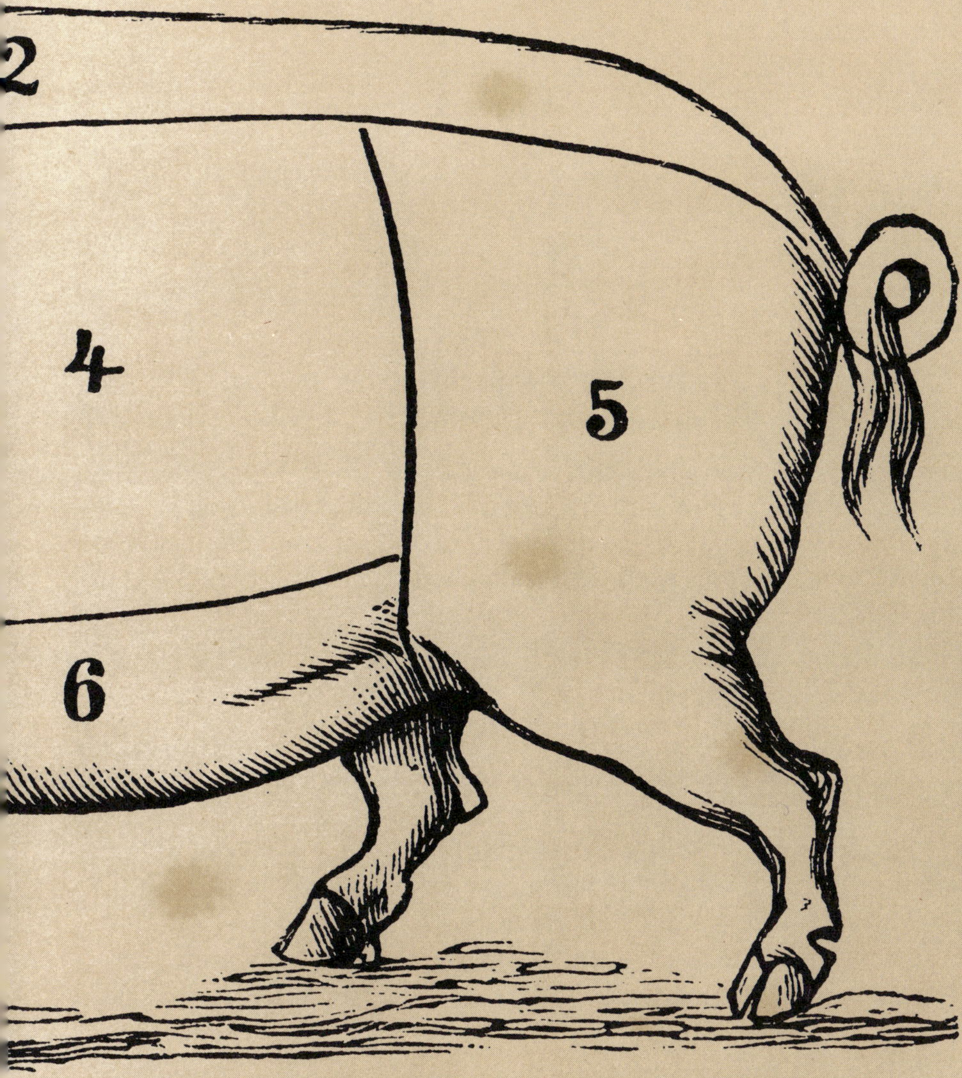
2
4
5
6

„Schicken Euch indes, Ihr Lieben, ein Stück von dem berühmten Hamburger Rauchfleisch. Es wird in einem Leinentuch gebunden und in kaltem Wasser zu Feuer gesetzt und muß langsam, aber unaufhörlich kochen und unter Wasser bleiben, daher denn kochendes Wasser zur Hand sein muß, unaufhörlich ist zu verstehen, bis das Fleisch mürbe ist, welches der Augenschein am besten lehrt. Eßt es gleich nach Empfang, denn es verliert von Tagen zu Tagen von seiner Leckerkeit."
(Aus einem Brief von Matthias Claudius, 1781)

Hamburger Rauchfleisch

1 kg Rauchfleisch, 2 l Wasser

Das Fleisch wird in kochendem Wasser bei mäßiger Hitze 2 - 3 Std. gekocht. Will man es heiß essen, läßt man es noch etwas ziehen. Dazu Grünkohl, Petersilien- oder Zuckerkartoffeln und Meerrettichsauce. Wird es kalt gegessen, legt man es nach dem Kochen kurz in kaltes Wasser.

Gekochtes Rindfleisch

1 kg Rinderbrust oder Querrippe, Suppengemüse,
1 ½ l Wasser, Salz

Das Fleisch wird mit dem geputzten Suppengemüse in kochendem Wasser aufgesetzt und ca. 1½ Stunden langsam weichgekocht. Zum Schluß salzen. Warm oder kalt essen.
Dazu nach Geschmack Schneidebohnen, gestobte Kartoffeln, süßsauer Eingemachtes, Meerrettichsahne, Johannisbeermus oder Bohnen mit Äpfeln.

Sauerbraten nach Hamburger Art

1 kg Querrippe oder Spitzbrust, ½ l Wasser, ¼ l Essig, 2 Lorbeerblätter, Pfefferkörner, 50 g Butter oder Margarine, 3 Wurzeln, 3 Zwiebeln, 1 Scheibe Schwarzbrot oder 2 Scheiben Honigkuchen, Salz

Das Fleisch wird mindestens 24 Std. mit Lorbeerblättern und Pfefferkörnern in den mit Wasser und etwas Salz vermischten Essig gelegt und gelegentlich gewendet. Dann legt man das Fleisch in eine Schmorpfanne, übergießt es mit heißer Butter und läßt es mit den feingehackten Wurzeln, Zwiebeln, einem Schuß Essig und dem zerbröselten Schwarzbrot oder Honigkuchen ca. ½ - 1 Std. schmoren, währenddessen gelegentlich mit Wasser oder Brühe begießen. Den Braten herausnehmen, warmstellen und die Sauce durch ein Sieb rühren. Sie ist durch das Gemüse und aufgeweichte Brot gebunden, evtl. etwas einkochen lassen. Nach Geschmack einige Rosinen dazugeben.
Dazu Fett- oder Kartoffelklöße und Backobstkompott.

Rumpsteak

aus dem Illustrierten Hamburger Kochbuch

Aus dem besten Fleisch einer Kalbskeule oder aus dem Rippen- oder Nierenstück eines guten, abgeschlachteten Ochsen schneidet man, nachdem man die Knochen und alle sehnigen und lappigen Teile entfernt hat, fingerdicke Scheiben, die man hübsch rundlich zustutzt, behutsam breitschlägt und mit Pfeffer und Salz einreibt. Nachdem sie so eine halbe Stunde gelegen haben, bratet man sie über starkem Feuer in einer Pfanne mit Butter auf beiden Seiten in wenigen Minuten braun. Je nach Belieben kann man sie vorher in Ei und geriebener Semmel umwenden.
Dazu geröstete Zwiebeln – das klassische Gericht nach rohen Austern. Heute würde man allerdings das Fleisch beim Schlachter zurechtschneiden lassen und erst angebraten salzen und pfeffern.

Wunsch Peter auf zum Geburtstag

Roastbeef

1 kg Roastbeef (Lende), englischer Senf, Worcestersauce, Salz und Pfeffer

Backofen ca. 15 Min. bei stärkster Hitze vorheizen.
Das Fleisch mit Senf und Worcestersauce einreiben, salzen und pfeffern und in eine flache Bratpfanne oder auf den Rost legen. Ca. 20 Min. bei starker Hitze in der Mitte des Backofens braten, dann auf mittlere Temperatur herunterschalten. Ab dann blutig oder rosig gebratenes Fleisch 40 Min., mittel 50 Min. und gut durchgebratenes Fleisch 60 Min. weiterbraten lassen.
Traditionsgemäß wird Roastbeef mit dem eigenen Bratensaft und Meerretichsauce serviert. Dazu Zuckerkartoffeln oder ungezuckerte kleine Bratkartoffeln.

Beefsteaks

4 Beefsteaks (vom Kluftsteak) von 200-250g, 4 Zwiebeln, Butter, Salz und Pfeffer (frischgemahlen)

Die Beefsteaks und die in Ringe geschnittenen Zwiebeln werden in zwei Pfannen in heißer Butter gebraten, das Fleisch 6-8 Min., die Zwiebeln bis sie goldgelb sind. Das Fleisch dabei mehrfach wenden, salzen und pfeffern. Die Steaks auf eine vorgewärmte Platte legen, die Zwiebeln darauf verteilen, den Bratensatz mit etwas Brühe oder Wasser lösen, aufkochen und über das Fleisch gießen.

Gedämpfte Beefsteaks nach Hamburger Art

4 Beefsteaks von 200 - 250g, 4 kl. Zwiebeln, 750g frisch gekochte Pellkartoffeln, ¼ l Wasser oder Brühe, 60 g Butter, Salz und frischgemahlener Pfeffer

Für Kolja

Butter in einer Pfanne erhitzen, die in Ringe geschnittenen Zwiebeln darin dünsten, dann die Steaks unter häufigem Wenden anbräunen, mit Salz und Pfeffer bestreuen und Wasser oder Brühe dazugießen. Die in Scheiben geschnittenen, möglichst noch warmen Pellkartof-

für Udo zum Fest

feln über das Fleisch legen, die Pfanne zudecken und das Ganze unter häufigem Schütteln 10 Min. dämpfen. Beim Anrichten die Steaks auf Kartoffeln und Zwiebeln legen.

Hamburger Steak

600g Beefsteakhack (Tatarfleisch) 4 Eigelb, Worcestersauce, 4 Scheiben Toast, Butter, Salz und Pfeffer

Beefsteakhack mit den Eigelb, Salz und Pfeffer und etwas Worcestersauce vermischen, vier runde Steaks daraus formen, und in Butter von beiden Seiten braten, bis das Äußere kross ist. Auf gebuttertem Toast servieren.
Dazu Gurkensauce.

Schweinsrippe

Originalrezept meiner Großmutter

Die Schweinsrippe wird einen Tag vorher in Milch gelegt. Man klopft sie, belegt sie gut mit Butterstücken und legt sie in die Pfanne, läßt sie ¼ Std. tüchtig anbraten und begießt sie dann mit Bouillon und Weißwein. Dann legt man um den Braten 3 Liter ungeschälte Äpfel, 3 Liter Kartoffeln, 1½ Liter Zwiebeln oder Schalotten und läßt den Braten noch 1 ½ bis 2 Std. schmoren. Die Äpfel werden in vier Teile geschnitten.

Gefüllte Schweinsbrust

1 kg Schweinebrust, 2 Rundstücke, 1 Bd. Petersilie, 1 Tl. getrockneter Majoran, 150 g Rosinen, Salz, Pfeffer, 1 Msp. Kardamom, 1 Ei, Milch, Butter, ¼ l Brühe, ⅛ l saurer Rahm

Vom Schlachter in das Fleisch eine Tasche schneiden und die Schwarte einkerben lassen. Rundstücke in Milch einweichen, aus-

drücken, zerpflücken, in Butter kurz anbraten und mit der gehackten Petersilie, Majoran, Kardomom, Salz und Pfeffer abschmecken und vom Herd nehmen. Ei und Rosinen dazugeben und gut verkneten. Fleischtasche mit der Farce füllen und zunähen. Backofen ca. 15 Min. bei starker Hitze vorheizen, den Braten in eine Schmorpfanne legen, mit heißem Wasser begießen und so lange bei scharfer Hitze braten, bis das Fleisch braun ist. Brühe darübergießen und bei mittlerer Hitze ca. 1 ½ Std. unter gelegentlichem Begießen schmoren lassen. Sauce mit saurem Rahm binden.
Dazu Rotkohl.

Kassler Rippespeer

1 kg Kassler, 1-2 Bd. Suppengemüse, ca. 100 g Zucker, Öl, 1 Zwiebel

Knochen vom Fleisch lösen, mit dem geputzten, kleingeschnittenen Suppengemüse auskochen und als Bouillon servieren. Das Öl in einer Kasserolle oder einem gußeisernen Bräter erhitzen und Fleisch und die zerkleinerte Zwiebel darin anbraten. 2 - 3 Kellen Brühe dazugießen, und im geschlossenen Topf 45 Min. schmoren lassen. Den Zucker bräunen und schmelzen und das Fleisch darin auf einem Teller wälzen oder mit einem Pinsel bestreichen.
(Der Zucker ist beim Essen nicht zu schmecken, sondern verfeinert nur Geschmack und Aussehen des Fleisches)
Dazu Cumberland- und Champignonsauce, die man mit dem Fleischfond verfeinert. Außerdem kleine gebratene Kartoffeln und Selleriesalat.

Lammkeule

4 - 6 Personen

1 junge Lammkeule, 2 El. Salz, 1 Tl. feingemahlener schwarzer Pfeffer, 1 El. gehackter frischer Rosmarin oder 1 Tl. getrockneter und gestoßener Rosmarin, 50 g Butter

Backofen ca. 15 Min. mit starker Hitze vorheizen. Die Gewürze in einer Tasse mit der geschmolzenen Butter vermischen und damit die Keule möglichst gleichmäßig von allen Seiten bepinseln. Die Keule mit der Fettseite nach oben in eine flache Bratpfanne oder auf den Rost legen und 20 Min. bei starker Hitze in der Mitte des Ofens braten. Die Temperatur zurückschalten und das Fleisch 40–60 Min. weiterbraten.

Dazu kleine Bratkartoffeln, geschmorte ganze Tomaten und Cumberland oder Mintsauce (fertig gekauft).

fig. 8

Wild und Geflügel

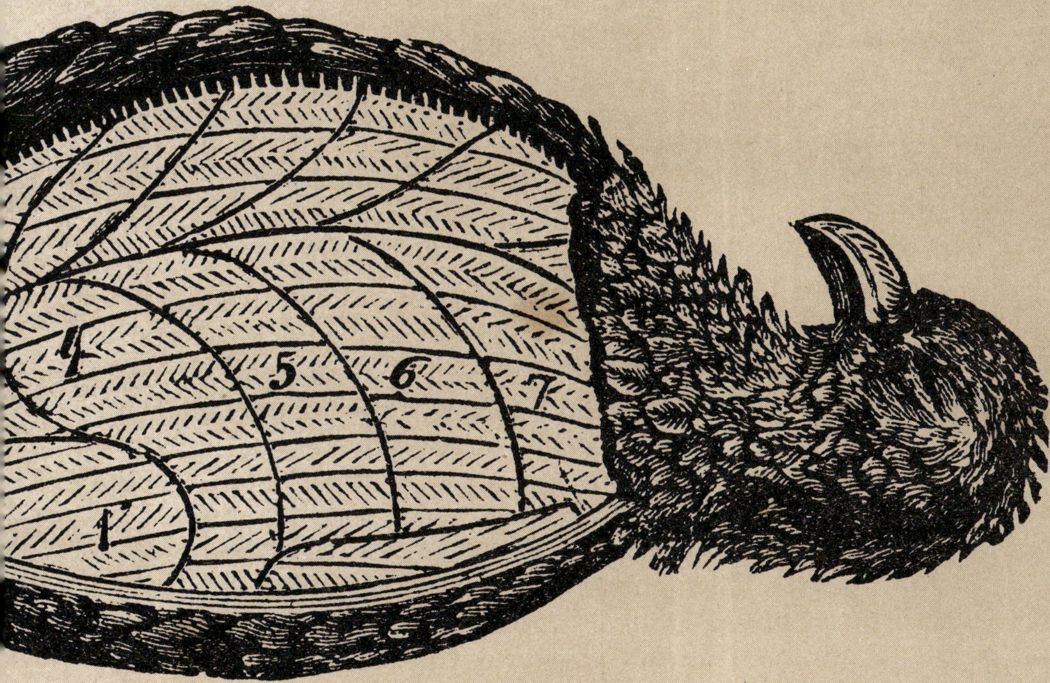

Rehrücken I

Weihnachtsessen!

4 - 6 Personen

1 ½ kg Rehrücken, 1 l Milch, 3 Lorbeerblätter, 5 Nelken, 5 Wacholderbeeren, Pfefferkörner, Schale einer Zitrone, 200 g fetter Speck, ¼ l Rotwein, ¼ l Schlagrahm oder Sauerrahm, Pfeffer, Salz

Der gehäutete Rücken wird 24 Std. in Milch mit Lorbeerblättern, Wacholderbeeren, Nelken, Zitronenschale und Salz eingelegt. Gut abtropfen lassen, in dünne Speckscheiben einwickeln und im vorgeheizten Backofen in der Bratenpfanne bei starker Hitze 30 - 40 Min. braten. Häufig abwechselnd mit Rotwein und etwas Milchmarinade begießen. Rücken herausnehmen und warmstellen. Die Sauce mit steifgeschlagenem Schlagrahm oder Sauerrahm binden und mit Salz und Pfeffer abschmecken.

Dazu Kronsbeer- oder Johannisbeermus, geschmorte Äpfel oder Rotkohl, Salz- oder kleine Bratkartoffeln.

Dazu Wein von Bosselmann.

Rehrücken II

4 - 6 Personen

1 ½ kg gespickter Rehrücken, 50 g Butter, ⅜ l Sauerrahm, Majoran, Pfeffer, Salz

Der Rehrücken wird mit wenig Salz, Pfeffer und reichlich Majoran eingerieben, mit der Butter belegt und im vorgeheizten Ofen bei starker Hitze 15 Min. gebraten, dann das Fett abgießen und beiseitestellen, die Pfanne in den Ofen zurücksetzen und das Fleisch mehrfach mit dem Sauerrahm begießen, 15 Min. weiterbraten, dann den Rahm in eine kl. Kasserolle abfüllen und das Fleisch nocheinmal 10 Min. mit dem Bratenfett braten. Die Rahmsauce mit Salz und frisch gemahlenem Pfeffer abschmecken und zum Schluß den Bratenfond dazugeben.

Rehkeule

4 - 6 Personen

1 Keule (ca. 1 ½ kg), 50 g Butter, ⅜ l Sauerrahm, Majoran, Salz, Pfeffer

Zubereitung wie Rehrücken II. Falls die Keule nicht gespickt ist, mit dünnen Scheiben fetten Speck einwickeln.

Haben wir Weihnachten zu Hause immer gegessen

Gefüllte Gans

6 - 8 Personen

1 junge Gans von ca. 4 kg, 1 ½ - 2 kg Äpfel, 150 g geriebenes Weißbrot, 200 g Rosinen, ca. ¼ l Weißwein, 1 Tl Zucker, 1 Tl. Kardamom, Salz, 1 El Maismehl

Die ausgenommene Gans gründlich waschen, abtrocknen und innen und außen salzen. Die Füllung hineingeben (nicht zu voll, da sie aufgeht und die Gans dann platzt), zunähen, in die halb mit Wasser gefüllte Bratenpfanne legen und im heißen Backofen ca. ½ - ¾ Std. schmoren. Dann die Pfanne herausnehmen, das Wasser abgießen, die Pfanne mit der Gans wieder in den Ofen schieben und ca. 2 ½ - 3 Stunden weiterbraten. Die Gans während der Bratzeit mit dem abgegossenen Schmorwasser begießen, dabei aufpassen, daß sie nicht zu schnell bräunt, evtl. zeitweilig mit Pergament abdecken. Die fertige Gans auf eine vorgewärmte Platte legen und warmstellen, die Bratensauce gründlich entfetten und die restliche Sauce evtl. mit 1 El Maismehl (in Wasser oder Weißwein angerührt) binden und mit Salz abschmecken.

Dazu Kartoffelklöße und Rotkohl.

Füllung: Die Äpfel schälen und kleinschnippeln, mit dem geriebenen Weißbrot, Rosinen, Kardamom, Zucker und Weißwein verrühren. Etwas durchziehen lassen. Die Masse muß beim Einfüllen gut feucht sein, evtl. Weißwein nachgießen.

für große Esser

Bei Jonsnns Bestellen

Hamburger Stubenküken

2 Stubenküken, 250 g gek. Schinken, 200 g Geflügelleber, ca. 60 g Trüffeln in Stücken (aus der Dose), 1 El Butter, 1/8 l Schlagrahm, 2 Eier, 1/4 l süßer Rahm, 125 g fetter Speck (in dünne Scheiben geschnitten), Salz

Gekochten Schinken und Geflügelleber durch den Fleischwolf drehen, die Trüffeln feinhacken. Eine helle Mehlschwitze wird mit der Sahne glattgerührt und 2 Eier hineingequirlt. Dann gibt man Schinken, Geflügelleber und Trüffeln dazu, vermischt alles gut und schmeckt mit Salz ab. Die Küken werden mit Farce gefüllt, zugenäht, mit Speck umwickelt und 30 Min. bei mittlerer Hitze in einer Pfanne im Ofen gebraten. Dann nimmt man den Speck heraus, übergießt die Küken mit Rahm und läßt sie noch 10 Min. weiterbraten.
Dazu frische Spargel oder junge Erbsen etc.

Vierländer Ente

1 Ente, 1 1/2 kg Äpfel, 1 El. Butter, 1 Tl. Zucker 1 Msp. Kardamom, 100 g geriebenes Weisbrot, 100 g Rosinen, 60 g Butter, 1 Tl. getr. Majoran, Pfeffer, Salz, 1/4 l Sauerrahm, 1/4 l Brühe

Die Äpfel werden geschält und kleingeschnitten, dann dünstet man sie mit Butter, Weißwein, Zucker und Kardamom weich, gibt Weißbrot und Rosinen dazu und füllt damit die gewaschene, mit Majoran, Salz und Pfeffer eingeriebene Ente und näht sie zu. In heißer Butter ca. 1 - 1 1/2 Std. braten und häufig mit Brühe begießen. Die Sauce entfetten und mit saurer Sahne legieren.
Man kann statt der Rosinen auch 200 g feingehackten gek. Schinken nehmen.
Dazu kleine Röstkartoffeln und Rotkohl oder geschmorte Äpfel.

Krickente

Gerd Baum Krickenten besorgen!

Pro Person 1 Krickente (kommen aus Schleswig-Holstein und schmecken am besten August/Septemb.) Durchwachsener Speck, 4 Zwiebeln, gestoßene Wacholderbeeren, ¼ l Sauerrahm, ½ Tl. getr. oder 1 Tl. frischer Estragon 1 Tl. Essig, Salz, frisch gemahlener Pfeffer

Die Enten werden gewaschen, innen und außen gesalzen, mit Wacholderbeerpulver bestreut, mit Speck eingewickelt und mit reichlich Butter und den Zwiebeln in der Pfanne ca. 1 Std. gebraten. Bratenfond mit etwas heißem Wasser und Essig lösen, mit Sauerrahm binden und mit Estragon würzen. Dazu gestobte Kartoffeln, geschmorte Äpfel oder Schneidebohnen, Kronsbeeren und Johannisbeermus.

Claus hat mal ½ Puter alleine gegessen.

Puter mit Mandelfülle

4 - 6 Personen

1 Puter, durchwachsener Speck, ¼ l Fleischbrühe, ¼ l Sauerrahm
Füllung: 100 g angewärmte Butter, 4 Eier, 100 g Paniermehl, 200 g abgezogene, gemahlene süße Mandeln, 50 g Korinthen, geriebene Zitronenschale, 2 El. Schlagrahm, ger. Muskatnuß, 1 Msp. Salz

Der Puter wird gewaschen, abgetrocknet, innen und außen mit Salz eingerieben, der Kropf mit Farce gefüllt, zugenäht und dasTier mit Speckscheiben umwickelt. Je nach Alter und Größe 1 ½-2 ½ Std. im Backofen braten und häufig begießen. Sauce mit Sauerrahm binden und abschmecken.

Farce: Die Butter wird schaumig gerührt und mit 4 Eigelb, Paniermehl, gemahlenen Mandeln, Korinthen, Zitronenschale, Schlagrahm,Salz und Muskatnuß vermischt. Zum Schluß wird das steifgeschlagene Eiweiß daruntergezogen.
Dazu Salzkartoffeln, Apfelmus und Kronsbeeren.

fig. 9

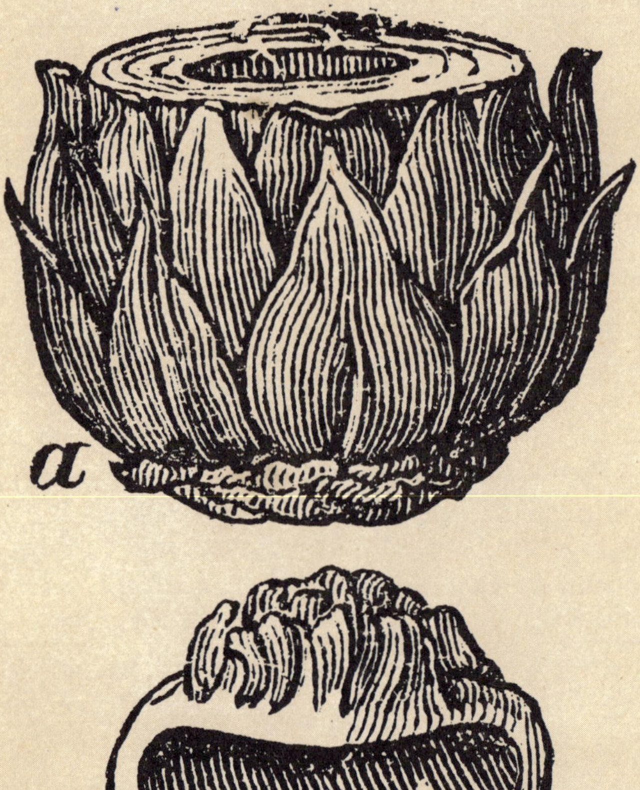

a

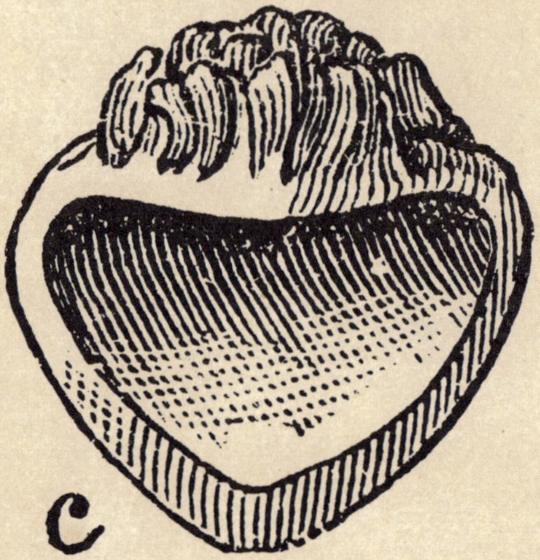

c

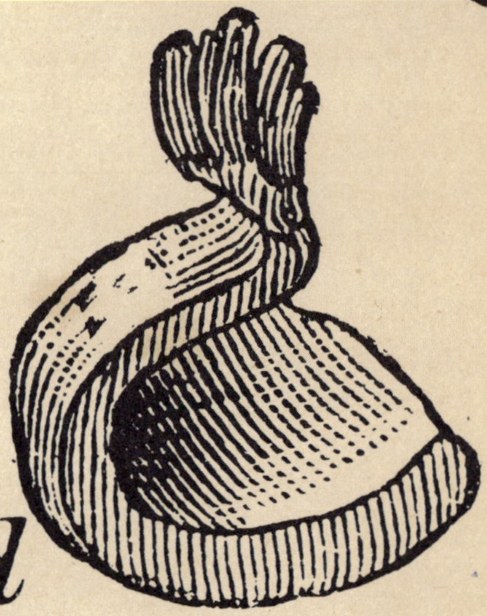

d

Gemüse und Salate

b

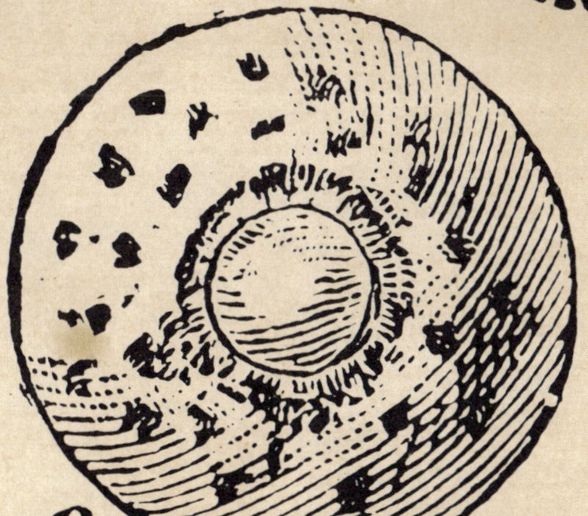

e

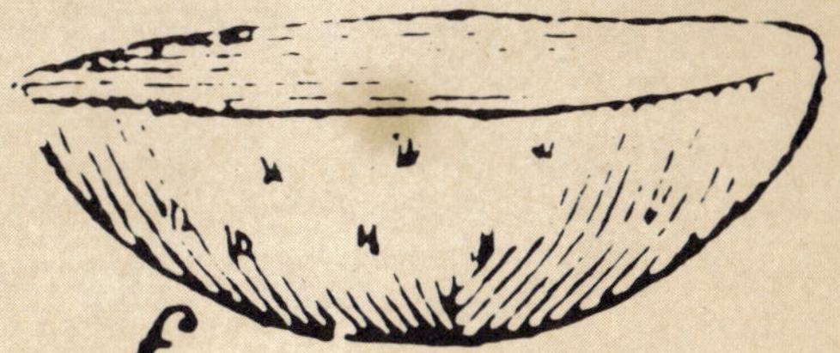

f

Wer Bohnen Kost, wer Bohnen Kost
verachtet reist auf Extra - Post
hin, wo der Pfeffer wächst, denn wir
sind alle Bohnenfreunde hier!

(aus einem Hamburger Bohnenlied)

Bohnen mit Äpfeln

500 g weiße Bohnen, 500 g Äpfel, 1 El. Mehl, 1 El. Butter, Salz, heiße braune Butter

Man läßt die Bohnen einen Tag in Wasser weichen, setzt sie mit kaltem, leicht gesalzenen Wasser auf und gibt, bevor sie gar sind, die geschälten, entkernten, in Würfel geschnittenen Äpfel dazu. Wenn Äpfel und Bohnen weich sind, rührt man das mit der Butter zu einem Kloß verknetete Mehl dazu. Mit brauner Butter begießen.
Zu gekochtem Rindfleisch.

Grünkohl

1 kg Grünkohl, 1 feingehackte Zwiebel, 50 g Butter oder Schmalz, ger. Muskatnuß, Salz

Der Kohl wird von den Rippen befreit, gründlich gewaschen und in leicht siedendem Salzwasser 20 Min. gekocht. Den abgetropften Kohl feinwiegen oder – schneiden und in heißem Fett mit der Zwiebel und Muskatnuß ca. 30 Min. bei schwacher Hitze schmoren. Evtl. eine Tasse Wasser oder Fleischbrühe zugießen.
Zu Kassler, Rauchfleischklößen oder Zuckerkartoffeln.

Peter & Inge bringen Spargel mit

Stangenspargel

2 kg Spargel, 2 l Wasser

Die Spargel werden vom Kopf bis zum Ende dünn geschält, zum Ende hin evtl. etwas dicker, man schneidet außerdem das Endstück

so weit ab, daß der Spargel nicht mehr hölzern ist. Dann bindet man sie in acht Bündel und kocht sie in zwei Portionen ca. 20 - 30 Min. im geschlossenen Topf, salzt sie kurz vor dem Servieren und richtet sie in eine Serviette eingeschlagen an.
Dazu schaumig geschlagene Butter oder Hollandaise, Holsteiner Katenschinken und neue Kartoffeln mit Petersilie.

Béchamelkartoffeln, überbacken

500 g Pellkartoffeln, 20 g Butter, ger. Muskatnuß, ¼ l Sahne, 1 Bd. gehackte Petersilie, Salz

Kartoffeln kochen, abpellen, in dicke Scheiben schneiden und in eine gut gefettete Auflaufform füllen. Sahne mit Salz und Muskat würzen und über die Kartoffeln gießen. 10 Min. bei mittlerer Hitze im vorgeheizten Ofen überbacken. Vor dem Servieren mit gehackter Petersilie bestreuen.
Dazu Holsteiner Katenschinken.

Gestobte Kartoffeln I

500 g kleine runde Pellkartoffeln, 20 g Butter, Salz, Pfeffer, ¼ l Milch oder Rahm, 1 feingehackte Zwiebel

Die Kartoffeln kochen, abpellen und mit Milch oder Rahm, Zwiebel, Pfeffer, Salz auf dem Herd bei mittlerer Hitze so lange rühren, bis sie sämig sind.

Gestobte Kartoffeln II

500 g Kartoffeln, 20 g Butter, 1 Bd. gehackte Petersilie, 1 Tasse Fleischbrühe, Salz

Die geschälten Kartoffeln in Salzwasser garkochen und mit Brühe, Butter und Petersilie auf dem Herd verrühren.
Zu gekochtem Rindfleisch.

Zuckerkartoffeln

750 g sehr kleine runde Kartoffeln, 2 El. Butter oder Schmalz, 1 El. Zucker, Salz

Die Kartoffeln mit der Schale garkochen und pellen. In einer Pfanne etwas Fett erhitzen, die Kartoffeln hineingeben und unter ständigem Rühren von allen Seiten anbraten. Zucker und Salz darüberbestreuen und weiterbraten, bis sie schön glänzend sind.
Zu Roastbeef, Kassler, Wild und Grünkohl

Rolfs Lieblingsessen

Kümmelkartoffeln mit Quark

1 kg Kartoffeln, Kümmel, Salz, Butter oder Öl, Quark: 500 g Quark, Milch, 2 harte Eier, 1 Tasse gehackte Kräuter (Petersilie, Dill, Schnittlauch, Basilikum etc.) Salz

Die Kartoffeln (möglichst neue) gründlich waschen, ungeschält halbieren, mit den Schnittflächen in Kümmel und Salz stibben und und auf ein gefettetes Backblech setzen, dann die Schalen mit Butter oder Öl bepinseln und im Backofen bei guter Hitze ca. 40 Min. garbacken.
Quark: Den Quark mit Milch glattrühren und mit Salz, Kräutern und den gehackten harten Eiern vermischen. Zu den heißen Kartoffeln servieren.

für Onkel Carl

Kopfsalat nach Hamburger Art

Je nach Größe 1 - 2 Kopf Salat, 1/4 l süßer oder saurer Rahm, 1 feingehackte Zwiebel, Saft 1 Zitrone, 1 Bd. gehackt. Petersilie, 1 Msp. Zucker, Salz, Pfeffer, 1 Tl. Senf

Kopfsalat waschen, zerpflücken, in einer Serviette oder Mulltuch abtropfen lassen und in eine Schüssel füllen. Vor dem Servieren mit Sauce übergießen, bei Tisch vermischen.
Sauce: Rahm mit der Zwiebel, Petersilie und den Gewürzen vermischen und abschmecken.

Kopfsalat mit Specksauce

Je nach Größe 1 - 2 Kopf Salat, 100 g durchwachwachsener Speck, 1 El. Mehl, 1/4 l Wasser, Essig, Salz, Zucker, Pfeffer

Kopfsalat waschen, Strünke herausschneiden, in einer Serviette abtropfen lassen und in eine Schüssel füllen. Der Speck wird in Würfel geschnitten, in der Pfanne gut ausgebraten und über den Salat geschüttet. Mehl zu dem Speckfett in der Pfanne geben, mit Wasser glattrühren, mit Essig, Zucker, Salz und frisch gemahlenem Pfeffer abschmecken und über den Salat gießen.

Gurkensalat

1 Salatgurke, 1 Bd. Dill, 6 El. Öl, 4 El. Essig, Salz und Pfeffer

Die Gurke schälen, mit dem Hobel oder Messer in dünne Scheiben schneiden, in eine Schüssel füllen, mit Salz bestreuen und mit einer Sauce aus Öl, Essig, feingehacktem Dill, Salz und Pfeffer begießen und gut vermischen.

Selleriesalat

1 gr. Knolle Sellerie, 6 El. Öl, 6 El. Essig, Salz, Pfeffer, nach Geschmack 1 Tl. Senf

Die Knolle schälen, in Salzwasser weichkochen und möglichst mit einem geriffelten Messer in Scheiben schneiden. Noch warm mit einer Sauce aus Öl, Essig, evtl. Senf, Salz und Pfeffer übergießen und kalt werden lassen. Noch einmal abschmecken und evtl. nachwürzen.

Schmeckt wunderbar!

Selleriesalat mit Äpfeln

1 englischer Sellerie (Stangensellerie), 2 - 3 Äpfel,
2 El. Mayonaise, 1/8 l süßer Rahm

Die äußeren harten Rippen und Blätter vom Sellerie abschneiden, dann die Knolle schälen und in feine Streifen schneiden, ebenso die zarten gelben Rippen und die geschälten Äpfel. Mayonnaise mit dem Rahm glattrühren, mit Sellerie und Äpfeln vermischen und ca. 2 Std. kaltstellen. Vor dem Servieren mit Essig, Salz und Pfeffer abschmecken.

Notizen & weitere Rezepte:

Salat von kalten Kartoffel.

Als Beilage zu Kartoffelspeißen.

Man macht eine Sauce von sauren Rahm. Baumöl und Essig fein geschnittene Zwiebel, Pfeffer Salz u. ~~Salz~~ und Senf, das in kleine Würfel geschnittene Fleisch nebst Essig oder Salzgurken und mischt es 1 Stunde vorm Gebrauch an.

fig. 10

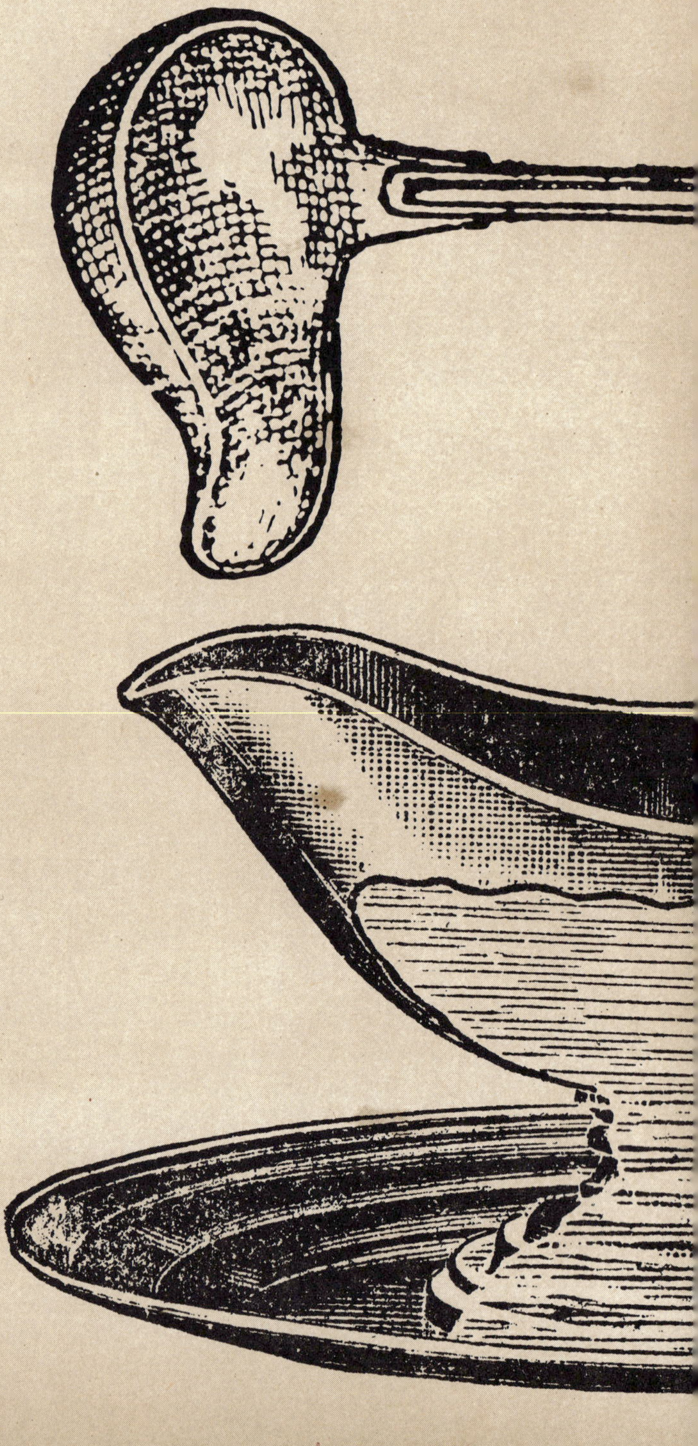

Saucen

Gurkensauce

1 Salatgurke, 1 Schalotte, 50 g Butter oder Margarine, ¼ l Bouillon, 1 El. Mehl, gehackte Petersilie, 3 El. süßer Rahm, Pfeffer, Salz

Die Gurke wird im Ganzen geschält, der Länge nach aufgeschnitten und die Kerne herausgenommen. Dann schneidet man sie in feine Streifen und schmort sie mit Butter und der feingehackten Schalotte weich, bestäubt sie mit Mehl und gießt die Brühe unter Rühren dazu. 3 Min. kochen lassen, mit Salz, Pfeffer, viel Petersilie und dem Rahm abschmecken. Statt mit Mehl und Brühe kann man die Sauce auch mit ¼ l Schlagrahm legieren und statt der Petersilie Dill verwenden. Zu gekochtem Rindfleisch, Hamburger Steak etc.

Mit Rindfleisch für
Fritz & Bärbel

Champignonsauce

200 g Champignons, ¼ l Brühe, ca. 2 El. Butter, 1 El. Mehl, Zitronensaft, Salz, Pfeffer, ⅛ l Rahm

Champignons waschen, blättrig schneiden, mit Zitronensaft beträufeln und 5 Min. in Butter anbraten, dann die Brühe dazugießen und die Pilze im geschlossenen Topf weichdünsten. 1 El. Butter und 1 El. Mehl zu einem glatten Kloß verkneten, an die Sauce rühren, ca. 3 Min. aufkochen lassen, mit Salz und Pfeffer abschmecken und den Rahm unterziehen.
Zu Fleisch und Pasteten.

Krebssauce I

50 g Krebsbutter (fertig gekauft), ¼ l Kalbsbrühe, 1 El. Mehl, Salz

Die rote Krebsbutter wird mit dem Mehl angeschwitzt und mit der Brühe glattgerührt. Mit Salz abschmecken.
Zu Fisch oder Fischpasteten etc.

Krebssauce II

50 g Krebsbutter, 3 Eigelb, 1 Msp. Salz, Zitronensaft

Eigelb und Salz werden mit dem Schneebesen schaumig geschlagen, dann rührt man die geschmolzene heiße Krebsbutter tropfenweise dazu und schmeckt mit etwas Zitronensaft ab.

aufpassen

Meerrettichsauce

¼ l Fleischbrühe, 2 El. Mehlschwitze, 5 - 6 El. geriebener, angemachter Meerrettich aus dem Glas, evtl. ⅛ l süßer Rahm

Die Mehlschwitze wird mit der Brühe glattgerührt, 3 Min. gekocht und der Meerrettich dazugegeben. Nicht wieder aufkochen lassen, weil die Sauce dann an Geschmack verliert.

Mag Vater Otto gerne

Specksauce

150 g durchwachsener Speck, 2 Zwiebeln

Speck und Zwiebeln werden feingewürfelt, dann wird der Speck in einer Pfanne glasig gebraten und die Zwiebeln dazugegeben. Weiterbraten lassen, bis beides goldgelb ist.

Béchamelsauce

2 Zwiebeln, 2 El. Butter, ½ El. Mehl, ⅜ l süßer Rahm, Salz und Pfeffer

Die Zwiebeln werden feingehackt und mit der Butter glasig gedünstet (nicht braun werden lassen), dann gibt man das Mehl dazu und rührt mit dem Rahm eine glatte Sauce. Mit Pfeffer und Salz abschmecken.

Senfsauce

¼ l Fleischbrühe, 1 El. Butter, 1 El. Mehl, 5 El. Senf, ½ Tl. Zucker

Zubereitung wie Meerrettichsauce, nur nimmt man statt des Meerrettich reichlich mittelscharfen Senf und würzt mit Zucker.

Petersiliensauce

¼ l Milch, 1 El. Butter, 1 El. Mehl, 1 Bd. feingehackte Petersilie, Salz, Pfeffer, Zitronensaft

Butter und Mehl anschwitzen und mit Milch glattrühren, 3 Min. kochen lassen. Die gehackte Petersilie dazugeben und mit Zitronensaft, Salz und Pfeffer abschmecken.

Travemünder Sauce

1 El. Butter, 1 El. Mehl, 1 Tasse Fischsud, etwas herber Weißwein, ⅛ l süßer Rahm, 2 Eigelb, ½ Zitrone, Salz, Pfeffer, ger. Muskatnuß

Butter und Mehl anschwitzen, mit Fischsud und Weißwein glattrühren und 3 Min. kochen lassen. Mit Zitronensaft, Salz, Pfeffer und Muskatnuß abschmecken, zum Schluß die 2 Eigelb in die Sauce quirlen.
Zu Kochfisch.

Cumberlandsauce

Sofie besorgen

60 g roter Johannisbeergelee, ⅛ l Öl, Saft und ger. Schale einer Orange, 3 - 5 El. scharfer Senf, ½ Tl. Salz, Cayennepfeffer

Johannisbeergelee mit Orangensaft und Öl glattrühren, die geriebene Orangenschale, Salz, Senf und Cayennepfeffer dazurühren. Falls der Gelee nicht ganz gelöst ist, wird die Sauce durch ein Sieb gerührt. Sie muß scharf – süßlich sein.
Zu Kasseler, Wild etc.

Hollandaise

3 Eigelb, 1 El. Wasser, 1 El. Essig, Salz, frisch gemahlener Pfeffer, 200 g geschmolzene Butter

Das Eigelb wird mit Wasser, Essig, Salz und Pfeffer in einer kleinen Kasserolle bei schwacher Hitze mit dem Schneebesen schaumig geschlagen. Wenn die Masse etwas fest wird, gibt man unter ständigem Schlagen nach und nach die Butter dazu. Zum Schluß die dickliche Sauce noch einmal abschmecken.
Zu frischen Spargeln, Fisch etc.

Süße Saucen

Vanillesauce

¼ l Milch oder süßer Rahm, ½ Stange Vanille, 1 Tl. Maismehl, 2 Eigelb, 1 El. Zucker

Milch oder Rahm mit der Vanillestange zum Kochen bringen, Maismehl mit kaltem Wasser anrühren, zu der kochenden Milch geben und das Ganze kurz weiterkochen. 2 Eigelb werden mit dem Zucker verquirlt und mit dem Schneebesen in die Sauce geschlagen. Noch einmal erhitzen, aber nicht kochen lassen. Die Vanille herausnehmen und die Sauce unter häufigem Umrühren im Wasserbad abkühlen lassen.

Weinsauce

¼ l Weißwein, ½ Stange Vanille; 1 El. Zucker, 2 Eier

Weißwein mit der Vanille aufkochen. Die Eigelb werden mit dem Zucker schaumig geschlagen und mit dem Schneebesen in den kochenden Wein gequirlt. Vanille herausnehmen und die Sauce abkühlen lassen. Kurz vor dem Servieren den steifen Eischnee unterziehen.

Kirschen aus dem Garten mitbringen

Kirschsauce

¼ l Rotwein, 250 g entsteinte Kirschen, 1 Tl. Maismehl, 4 - 6 El. Zucker

Kirschen mit Rotwein und Zucker ca. 5 Min. kochen lassen, die Sauce mit dem in Wasser angerührten Maismehl legieren, noch einmal aufkochen und heiß oder kalt servieren.
Zu Großem Hans (heiß) oder Silberne Löffelspeise (kalt)

Notizen & weitere Rezepte:

Sauerampfer Sause.

Zu einer Sausiere voll nimmt man 1 Handvoll Sauerampfer, wäscht ihn gut, läßt einen Kochlöffel voll Mehl in gelbbraune Butter schwitzen, giebt ihn zerhackt hinein, rührt bis er weich ist, giebt bei beständigem Rühren soviel Wasser hinzu daß die Sause gebunden bleibt und dann giebt man Salz. Beim Anrichten rührt man sie mit Eigelb und sauren Rahm ab und giebt noch Muskat hinzu.

fig. 11

Vom Eintopf

und Hamburger Leibgerichten

So sehr es für einen Hamburger selbstverständlich ist, Gäste mit möglichst zahlreichen, sorgfältig zusammengestellten Gerichten zu bewirten, so lebt er für gewöhnlich eher schlicht. Ein einziges Leibgericht, an dem man sich so recht sattessen kann, bildet zusammen mit der obligaten Suppe das normale Essen und gerade dabei finden wir die typischen Hamburger Spezialitäten.
Es ist selbstverständlich, daß diese Gerichte mit derselben Liebe und Sorgfalt zubereitet werden, wie die einzelnen Gänge eines festlichen Diners. So empfahl z. B. die schon erwähnte Kochfrau Hertha Behnke ihren Schülerinnen: „Sauerkraut kocht man mit französischem Champagner, hat man den nicht zur Hand, so nimmt man weißen Burgunder, ganz arme Leute nehmen Moselwein ..."

Birnen, Bohnen und Speck

250 g durchwachsener Räucherspeck, 500 g Bergamottebirnen, 500 g türkische Erbsen (eine besondere Art grüner Brechbohnen, die man natürlich auch nehmen kann), 500 g neue Kartoffeln, Salz, Pfeffer, Petersilie, Bohnenkraut

Die türkischen Erbsen abziehen und in leicht gesalzenem Wasser mit dem in Scheiben geschnittenen, gut gepfefferten Speck und Bohnenkraut kochen lassen. Wenn sie fast weich sind werden die entstielten Birnen im Ganzen darauf gelegt und ebenfalls weichgekocht. Kartoffeln kochen, pellen und auf den Rand einer vorgewärmten flachen Schüssel legen. In die Mitte füllt man zuerst die Bohnen und darauf abwechselnd Birnen und Speck. Alles wird reichlich mit gehackter Petersilie überstreut.

Holsteiner Dickmusik

Je 500 g ausgepalte große Bohnen (Puffbohnen) und junge Erbsen, 500 g gelbe Wurzeln, 500 g Kartoffeln, 1 Stange Porree, 2 Zwiebeln, 250 g Schinkenspeck, Butter, ½ l Fleischbrühe, Petersilie, Pfeffer, Salz

Die Hälfte des Schinkenspecks wird mit feingehackten Zwiebeln und dem in Ringe geschnittenen Lauch in einer Kasserolle angebräunt. Dann füllt man abwechselnd die geschälten, gewürfelten Kartoffeln, Erbsen und Bohnen dazu, bis alles gut vermischt ist. Die Brühe dazugießen und kurz aufkochen lassen. Mit Salz und Pfeffer abschmecken und einen Klacks Butter dazugeben. Bei geschlossenem Topf und schwacher Hitze ca. 45 Min. garen. Zum Schluß die restlichen Schinkenwürfel rösten und mit reichlich gehackter Petersilie über den Eintopf streuen.

Eisbein mit Sauerkraut und Erbsenpüree

1 kg gepökeltes Eisbein, 500 g Sauerkraut, 50 g Schmalz, 3 Wacholderbeeren, 2 Zwiebeln, 1 Lorbeerblatt, 1 säuerlicher Apfel, ½ l Fleischbrühe, 125 g frische gewürfelte Ananas (oder aus der Dose), 1 Tl. Zucker, 1 Glas Sekt oder Weißwein, 500 g getrocknete Erbsen, 1 l Wasser, 1 Bd. Suppengemüse, Salz und Pfeffer

Eisbein kaufen
Sauerkraut
1 kg Erbsen
Ananas

Das gewaschene Eisbein wird mit ½ l Wasser ca. 45 Min. vorgekocht. Danach wird das ungewaschene Sauerkraut mit den Gewürzen, den gehackten Zwiebeln, dem geschälten, in Scheiben geschnittenen Apfel vermischt, locker um das Eisbein gelegt und das Ganze noch einmal 45 Min. gekocht. Eisbein herausnehmen und warmstellen, die Ananaswürfel unter das Sauerkraut rühren, mit Zucker abschmecken, aufkochen lassen und ganz zum Schluß mit Wein oder Sekt übergießen. Erbsenpürée: Die getrockneten Erbsen 12 bis 24 Stunden einweichen, mit dem Einweichwasser zum Kochen bringen und bei kleiner Hitze weichkochen. Nach 1½ Std. das geputzte, kleingeschnittene Suppengemüse dazugeben und alles 30 Min. weiterkochen lassen. Die weichen Erbsen durch ein Sieb rühren und das Pürée nocheinmal erhitzen. Vor dem Servieren mit gebräunter Butter begießen. Zum Eisbein scharfen Senf.

wird ganz prima

Snuten und Poten

Zubereitung der gepökelten Snuten und Poten (Schweinsschnauze und -füße) wie Eisbein, dazu ebenfalls Sauerkraut und Erbsenpürée. Man rechnet für 4 Personen 750 - 1000 g Snuten und 4 Poten.

Schweinebauch mit Steckrüben

750 g Schweinebauch, 1 kg Steckrüben, 1 kg Kartoffeln, 2 Tl. Thymian, Salz und Pfeffer

Kartoffeln und Steckrüben schälen, grob würfeln und mit dem Schweinebauch in eine Kasserolle legen, mit dem Thymian vermischen, salzen und pfeffern. Die Kasserolle zur Hälfte mit Wasser füllen, schließen und bei schwacher bis mittlerer Hitze ca. 2 Std. dünsten lassen. Nach dem Auffüllen noch einmal mit frisch gemahlenem groben Pfeffer bestreuen.
Je nach Geschmack zum Schweinebauch scharfen Senf.

Ali dazu einladen! & Josi!

Hamburger Plockfinken

1 kg Gelbe Wurzeln, 500 g Rauchfleisch, 2 El. Butter, 2 El. Mehl, etwas Essig, evtl. Fleischbrühe, Salz, Pfeffer

Wurzeln schälen, grob würfeln und knapp bedeckt mit Wasser oder Brühe garkochen. Aus Mehl und Butter in einer Tasse einen Kloß kneten und damit die Wurzeln sämig machen. 3 Min. weiterkochen lassen, danach mit Essig, Salz und Pfeffer abschmecken und mit dem in Würfel geschnittenen Rauchfleisch vermischen.
Dazu Hamburger Fettklöße.

Frische Grützwurst kaufen

Grützwurst mit Apfelkartoffeln

8 Grützwürste, 500 g Kartoffelmus, 500 g Äpfel, 4 Zwiebeln, 250 g durchwachsener Speck, 40 - 60 g Butter

Kartoffeln mit der Schale weichkochen und pellen. Die Äpfel schälen, vierteln in Scheiben schneiden und ebenfalls weichkochen. Kartoffeln und Äpfel mit dem Stampfer grob zermusen und unter gelegentlichem Rühren erhitzen. Den gewürfelten Speck mit den feingehackten Zwiebeln und etwas Butter in der Pfanne braun werden lassen, die Grützwürste in heißer Butter vorsichtig braten, da sie leicht platzen, bis sie schön kroß sind. Speck und Zwiebeln auf die Apfelkartoffeln füllen. Man kann die Würste auch mit Apfelmus und Kartoffelpürée essen.

Birnenbeschlag

1 kg Kochbirnen, 250 g durchwachsener Speck, in dünne Scheiben geschnitten, 500 g Mehl, 1 Ei, 1 Tasse warme Milch, 35 g Hefe, 200 g Margarine, 2 Tl. Salz, 1 Tl. Zucker

Die Birnen werden geschält, geviertelt und mit wenig Wasser und Zucker angedünstet. Wenn sie etwas weich sind, füllt man sie in eine gefettete Auflaufform und legt auf die Birnen die Speckscheiben. Dann schließt man die Form mit einer Hefeteigplatte.

Hefeteig: Die Hefe mit Milch und 1 Tl. Zucker kurz quellen lassen, die Margarine schmelzen und etwas abkühlen, dann beides mit ¾ des gesiebten Mehls, Ei und Salz vermischen und durchkneten. Den Hefekloß in einer Kumme mit lauwarmem Wasser gehen lassen, bis er schwimmt. Herausnehmen und so lange mit dem restlichen Mehl verkneten, bis der Teig geschmeidig ist.

Die Auflaufform bei guter Mittelhitze ca. 1 Std. im Ofen backen. Sollte es zuviel Teig für die Form sein, kann man aus dem Rest neben der Auflaufform ein kleines Brot backen (s. Hefebrot). Das Brot ist fertig, wenn beim Hineinstechen kein Teig an der Nadel kleben bleibt.

Wollten Elisabeth & Max mal probieren

Apfelfleisch

750 g Suppenfleisch (Quer-oder Hochrippe) ¼ l Wasser, 500 g Kochäpfel, 2 Lorbeerblätter, 1 El. Rosinen, Zucker, Salz

Fleisch grobwürfeln und zusammen mit den geschälten, entkernten und in Ringe geschnittenen Äpfeln, Lorbeerblättern, Rosinen, ca. 1 El. Zucker und Salz in ¼ l Wasser bei geringer Hitze ¾ Std. kochen lassen.
Dazu Kartoffelmus.

Irish Stew I

8 kl. oder 4 gr. Hammelkoteletts, 1 Wirsingkohl (ca. 1 ½ kg,) 6 große Kartoffeln, 3 Zwiebeln, 2 El. Butter, Salz, Pfeffer, Worcestersauce

Die Hammelkoteletts werden auf beiden Seiten mit Worcestersauce und Pfeffer eingerieben und in ½ El. heißer Butter in einer Pfanne unter mehrfachem Wenden leicht angebräunt und beiseite gestellt. Nach dem ersten Wenden salzen. Wirsingkohl vierteln, den Strunk entfernen und in kochendem Salzwasser eben weichkochen. Währenddessen die Kartoffeln schälen und in Scheiben schneiden, ebenso die Zwiebeln. Auf dem Boden einer feuerfesten Deckelform die Hälfte der restlichen Butter verstreichen, dann die Hälfte des Kohls, der Kartoffeln, Zwiebeln und Hammelkoteletts einschichten, den Rest Butter und die zweite Hälfte der Zutaten daraufgeben. Den Bratensatz der Hammelkoteletts ablösen und in die Form gießen, Deckel schließen und den Topf ca. 1 Std. im Backofen schmoren lassen. Im Topf servieren.

Irish Stew II

500 g Hammelhals oder Schulter, 1 ½ kg Weißkohl, 6 Kartoffeln, 2 Tl. Kümmel, Pfeffer, Salz, 2 Lorbeerblätter, 4 Nelken, 2 Zwiebeln, 2 Knoblauchzehen, ½ l Wasser

Der Weißkohl wird in grobe Scheiben geschnitten und die Rippen entfernt. Das Fett vom Fleisch abschneiden, würfeln und in einem (möglichst gußeisernen) Schmortopf goldbraun rösten. Darauf die Hälfte Kohl füllen, mit Kümmel, Salz und Pfeffer bestreuen, dann die Hälfte des grobgewürfelten Fleisches mit 1 Lorbeerblatt, 2 Nelken, einer geriebenen Knoblauchzehe und einer feingehackten Zwiebel, darüber die Hälfte der Kartoffeln. Dann wieder Kohl, Fleisch, Kartoffeln mit den restlichen Gewürzen. Das Ganze mit ½ l leicht gesalzenem Wasser auffüllen und mit geschlossenem Deckel bei mittlerer Hitze 1 Std. schmoren lassen. Nicht umrühren, nicht nachgucken!

Hammelfleisch mit grünen Bohnen

750 g Hammelhals, 500 g grüne Speckbohnen, 500 g Kartoffeln, 2 Lorbeerblätter, 2 Zwiebeln, 2 Knoblauchzehen, Salz, Pfeffer, Bohnenkraut

Die Speckbohnen waschen und brechen, die Kartoffeln schälen und würfeln. Das Fleisch wird in grobe Stücke geschnitten und in siedendem Salzwasser mit den Lorbeerblättern, den geviertelten Zwiebeln und dem Knoblauch bei schwacher Hitze ca. 20 Min. gekocht., dann Bohnen und Kartoffeln dazugeben und alles 30 Min. sieden lassen. Zum Schluß mit Salz, frisch gemahlenem Pfeffer und feingehacktem frischen oder getrockneten Bohnenkraut würzen.

Zum Schluß noch Labskaus, eigentlich ein Seemannsessen, entstanden zu einer Zeit, als die Aufbewahrungs- und besonders die Frischhaltemöglichkeiten für Nahrungsmittel an Bord noch recht beschränkt waren, und der Smuttje sicherlich häufig vor das Problem gestellt war, noch aus bereits Allen wohlbekannten Resten ein leckeres Gericht zu machen. Deshalb ist eigentlich alles für Labskaus geeignet und böse Zungen behaupten „im Labskaus findet der Seemann wieder, was er im letzten Jahr verloren hat".

Labskaus

4 – 6 Personen

1 kg Pökelfleisch, 500 g Zwiebeln, 6 Salzgurken, 4 Matjesfilets, 500 g eingelegte Rote Bete, 1 kg Kartoffeln, 20 g Schmalz, 1 Lorbeerblatt, Pfefferkörner, pro Person 1 Spiegelei und 1 Rollmops

Das Pökelfleisch eben von Wasser bedeckt mit Lorbeerblatt und Pfefferkörnern ca. 1 ½ Std. im geschlossenen Topf weichkochen. Die Kartoffeln mit der Schale kochen, abpellen und noch heiß zerstampfen. Zwiebeln grob zerhacken, in heißem Schmalz glasig schmoren, dann mit dem feingehackten oder durch den Fleischwolf gedrehten Pökelfleisch und den zerstampften Kartoffeln mischen. Matjesfilets (evtl. vorher wässern) in dünne Streifen schneiden, Salzgurken würfeln und beides ebenfalls unterrühren. Falls die Masse zu fest ist, gibt man etwas Pökelfleischbrühe dazu. Zum Schluß die kleingeschnittene Rote Bete (ohne Saft) hineinmischen. In eine vorgewärmte große Schüssel füllen und pro Person ein Spiegelei darauflegen.
Die Rollmöpse getrennt anrichten.
Statt des Pökelfleisches kann man auch 500 g Cornedbeef nehmen, das dann nur zerschnitten und mit den Zwiebeln geschmort wird.

Für Heinz & Freundin kochen.
Als Nachtisch Erdbeeren

Notizen & weitere Rezepte:

Fricadeaux.

Dazu nimmt man die Keule, schneidet sie in Stücke ~~und~~ oder läßt sie ganz. Ist das Fleisch abgerieben und abgehäutet, so wird es gespickt, mit Salz eingerieben, und in geriebenem Weißbrot und Butter umgedreht, und damit bestreut, in reichlich Butter unter beständigem Begießen gelbbraun geschmort. Wenn man Wasser zuschüttet gibt man Zwiebel und Petersilienwurzel hinzu, auch wohl etwas sauren Rahmen später an die Sause. Statt Weißbrot kann man auch Mehl nehmen. Wenn das Fleisch weich, und die Sause durchgeseiht ist bringt man sie wieder zum kochen und giebt sie dazu.

fig .12

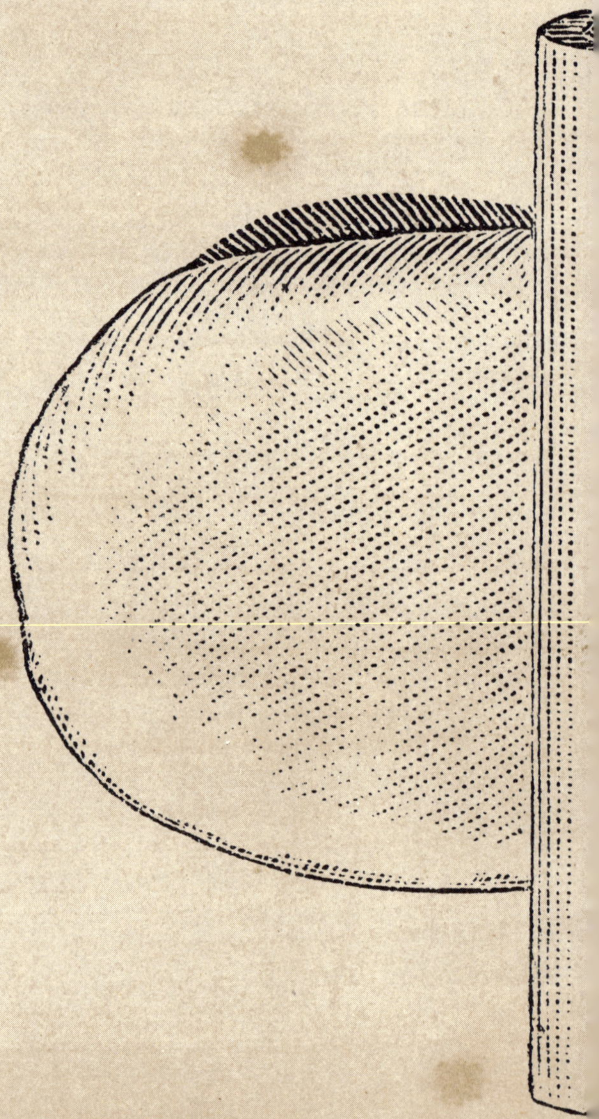

Mehlspeisen

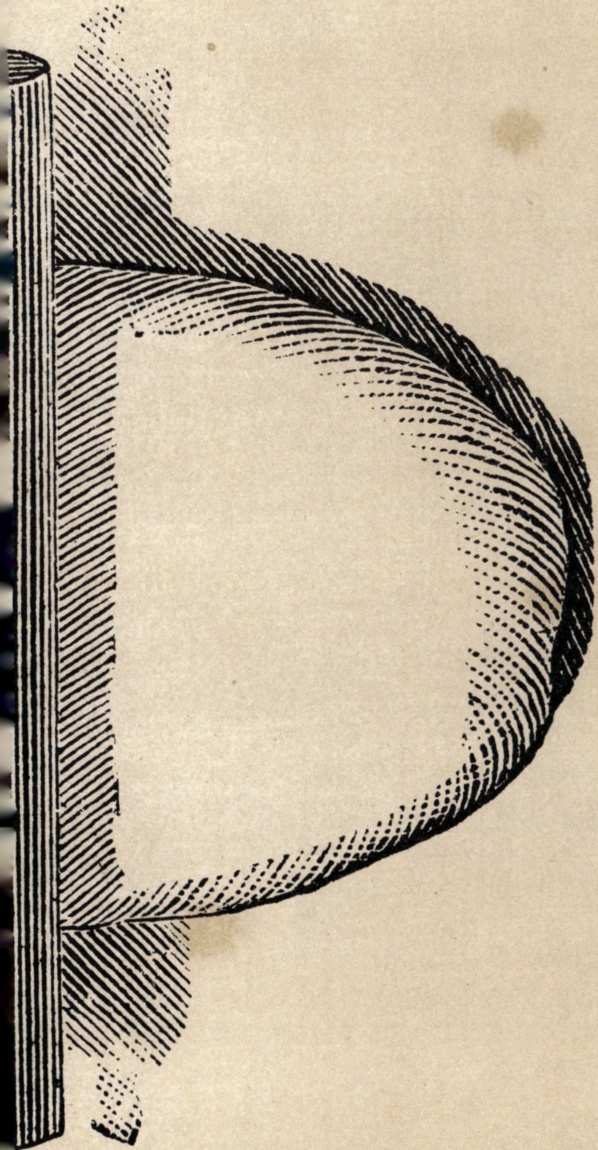

En Pannkoken in'e Pann
grot genog vœr tein Mann!
Keen Stunn achteran
weet keen Minsch mehr dervan.
Rein Fatt un all satt!
Morgen ward gut Wedder.

(Klaus Groth)

Plinsen

Aus dem Illustrierten Hamburger Kochbuch

Man quirlt 10 Neuloth Mehl mit 5 Eiern, einer Tasse voll lauwarmer Milch und etwas Salz zu einer glatten Masse, gießt davon in einer kleinen Eierkuchenpfanne einen ganz dünnen Boden aus und backt es auf beiden Seiten goldgelb. Beim Anrichten bestreut man sie mit Zucker.
Zum Nachmachen: 10 Neuloth sind 100g Mehl. Man kann die fertigen Plinsen aufeinandergelegt im vorgewärmten Backofen bis zum Servieren warmstellen und sie mit abgetropftem Obstkompott oder Fruchtgelee füllen und aufrollen.

Hamburger Apfelkuchen

500g Mehl, 250g vorgewärmte Butter, 125g Zucker
12 Eier, ½ l lauwarme Milch, 1 Paket Hefe (30g)
125g Korinthen, 1kg Äpfel, Caneel, Schmalz

Die Butter wird zu Schaum gerührt, 8 Eigelb, 4 ganze Eier, Zucker, Caneel, Korinthen und die mit Milch verrührte Hefe dazugegeben. Das gesiebte Mehl in die Masse kneten. Die Äpfel werden geschält, entkernt, feingewürfelt und mit dem steifen Eischnee der acht Eiweiße zum Teig gegeben. Mindestens 1 Stunde warmgestellt aufgehen lassen. In einer Apfelkuchenpfanne (Ochsenaugenpfanne) oder in der Friteuse in heißem Schmalz aus einem El Teig goldgelbe Kuchen backen. Mit Zucker bestreuen.

Apfelkuchen werden Altjahrsabend gegessen und dazu Rotweinpunsch getrunken!

Großer Hans

750g Mehl, 300g vorgewärmte Butter oder Margarine, ¼ l Milch, 125g Rosinen, 125g Korinthen, 4 Eier, 250g Zucker, 1 Msp. Cardamon, 1 Msp. Caneel, Zitronensaft

Alle Zutaten werden zu einer nicht zu festen Masse vermengt (evtl. mehr Milch verwenden). Der fertige Teig wird in ein vorher mit Mehl bestreutes Tuch gefüllt, das man nicht zu fest zusammenbindet (der Kloß geht auf) und in einen großen Topf mit leicht gesalzenem, sanft kochenden Wasser gehängt. Der Kloß darf den Boden nicht berühren. 2 Stunden kochen lassen, nach dem Herausnehmen kurz mit kaltem Wasser übergießen und auf einen Teller legen.
Dazu Kirschsauce.

Platzkartoffeln

Originalrezept meiner Großmutter

Man setzt ¼ l Milch mit 65g Butter aufs Feuer, wenn die Milch kocht, schüttet man unter beständigem Rühren ¼ Pfd. Weizenmehl hinein und rührt so lange, bis sich die Masse vom Topfe löst. Die Masse wird dann zum Abkühlen beiseite gestellt, nach und nach rührt man 3 ganze Eier hinein. Von diesem Teig werden mit einem Teelöffel Klöße ausgestochen und in kochendes Fett gelegt, man läßt sie so lange darin backen bis sie platzen. Dann werden sie herausgenommen, mit Zucker bestreut und mit Vanille- oder Weinsauce gereicht.
Diese Masse ergibt ungefähr 30 Stück.
(Für 4 Personen rechnet man ungefähr die Hälfte)

Onkel Tom & Tante Gladdün [illegible]

Plumpudding

Aus dem Illustrierten Hamburger Kochbuch

Man hackt ¾ Pfund Rindernierentalg ganz fein, gibt ¾ Pfund geriebene Semmel, eine halbe Tasse voll Mehl, ½ Pfund ausgekernte große Rosinen, ½ Pfund gut gewaschene Corinthen, 15 Neuloth Zucker, und etwas Salz darüber, fügt die feingehackte Schale einer Zitrone, 5 Neuloth feinwürfelig geschnittenen Citronat, 1 Neuloth feingestoßene bittere Mandeln, etwas Kardamom, eine halbe geriebene Muskatnuß, gestoßenen Zimt, geriebenen Ingwer, Nelken und 10 ganze Eier hinzu und mischt dies Alles mit einem Glas voll Rum und einer kleinen Tasse voll Sahne tüchtig durch. Dann füllt man die Masse in eine mit Butter ausgestrichene Puddingsform, oder man bestreicht eine saubere Serviette, die man mehrere Stunden vorher ausgebrüht und dann in kaltes Wasser gelegt hat, auf der einen Seite mit Butter, streut Mehl darüber, füllt die Masse hinein und bindet die Serviette in Form eines Beutels fest zu, wobei man aber über der Puddingsmasse noch einen handhohen Raum freilassen muß. Nun legt man die Serviette in eine große Kasserolle oder in einen Topf, füllt so viel Wasser hinein, daß es über dem Beutel steht und läßt den Pudding 4 – 5 Stunden kochen. Vor dem Anrichten übergießt man ihn mit feinem Rum, zündet ihn an und trägt ihn brennend auf, oder man richtet den Pudding mit der üblichen Punsch- oder Rumsauce an und giebt dazu noch ein brennendes Licht und ein Gefäß mit Rum auf die Tafel . . .

oder nach heutigen Mengen- und Maßbegriffen:

250 g Rinder- oder Kalbsnierenfett, 250 g Paniermehl, 100 g Mehl, 125 g Rosinen, 125 g Korinthen, 250 g Zucker 1Tl. Salz, 50 g Orangeat, 50 g Zitronat, 60 g enthäutete Mandeln, frisch geriebene Muskatnuß, etwas Kardamom, 1 Tl. Zimt, 1 Tl. gemahlener Ingwer, 1 Tl. Nelkenpulver, 4 Eier, ½ Weinglas Rum, ⅛ l Schlagsahne

Nierenfett, Zitronat, Orangeat und Mandeln müssen feingehackt und mit Korinthen, Rosinen, Paniermehl, Zucker, Mehl, Sahne, Rum. Gewürzen und Eiern gut durchgemischt werden. Dann füllt man die

Masse in eine hohe schmale Puddingform oder legt sie auf ein bemehltes Tuch, bindet es locker zusammen und kocht den Pudding ca. 4 Std. im Dampf eines heißen Wasserbades. Danach ein paar Tage in der Form oder in einem Steingutgefäß abkühlen lassen. Vor dem Servieren 1 Std. im Wasserbad aufwärmen, auf eine Platte stürzen, mit hochprozentigem Rum übergießen und anzünden.

Rote Grü

tze und Hamburger Süßspeisen

Mit der Roten Grütze ist es wie mit der Hamburger Aalsuppe, jeder Hamburger schwört auf seine spezielle Zubereitungsart, mit Maismehl, Sago oder Grieß, mit einer oder höchstens zwei Fruchtsorten, mit ganzen oder nur mit durchgerührten Früchten, mit Rotwein, Honig, Vanille und statt des Rahms Vanillesauce und noch vielen weiteren Zutaten.
Trotzdem soll hier nur ein Rezept beschrieben werden, das ungefähr Frau Behnkes „Roter Grütze” entspricht und somit „geprüft und bewährt” ist und lieber noch von anderen Obstgrützen und süßen Köstlichkeiten gesprochen werden.

Für Holger's Kindergeburtstag vorbereiten

Rote Grütze

500 g Himbeeren, 500 g Johannisbeeren (oder 500 g rote Johannisbeeren, 250 g schwarze Johannisbeeren, 250 g Himbeeren) Maismehl, Zucker

Früchte eben mit Wasser bedeckt aufkochen lassen, durch ein Sieb rühren, den entstandenen Saft abmessen. Auf 1 l Saft 80 g (8 gestr. Eßlöffel) Maismehl, das mit kaltem Wasser angerührt wird. Den Fruchtsaft aufkochen lassen und gut süßen. Bei schwacher Hitze das Maismehl einrühren und noch einmal unter Rühren aufkochen lassen, bis die Masse Blasen wirft und zu dicken beginnt. In eine mit kaltem Wasser ausgespülte Glas- oder Porzellanschüssel füllen und abkühlen lassen. Vor dem Servieren stürzen.
Da Rote Grütze den ganzen Sommer über gekocht wird, kann man die Früchte auch variieren und z. B. noch zusätzlich 250 g ganze, entsteinte Sauerkirschen in dem durchgerührten Fruchtsaft mitkochen.
Dazu eisgekühlter süßer Rahm und grober Zucker zum Bestreuen.

Stachelbeergrütze

500 g grüne Stachelbeeren, ½ l Wasser, 80 g Maismehl, ca. 125 g Zucker

Die Stachelbeeren werden gewaschen und in ½ l kochendem Wasser bei geschlossenem Deckel ca. 20 Minuten gekocht, durch ein Sieb gerührt, der Fruchtsaft wieder aufgekocht, gut gesüßt und mit dem in kaltem Wasser angerührten Maismehl unter ständigem Rühren gekocht, bis die Grütze zu dicken beginnt. Dann füllt man sie in eine mit kaltem Wasser ausgespülte Schüssel oder Puddingform (nicht aus Metall) läßt sie erkalten und stürzt sie vor dem Servieren. Dazu eisgekühlter Rahm und grober Streuzucker.

Rhabarbergrütze

500 g Rhabarber, 1 l Wasser, 80 g Maismehl, ca. 125 g Zucker

Zubereitung wie Stachelbeergrütze.
Dazu Vanillesauce oder eisgekühlten Rahm und groben Streuzucker.

Schmeckt außerordentlich!

Tutti-Frutti-Kompott

4 - 6 Personen

500 g feste Kirschen, 250 g Erdbeeren, 250 g Himbeeren, 125 g rote Johannisbeeren, 125 g schwarze Johannisbeeren, Zucker nach Geschmack

Alle Früchte waschen und abtropfen lassen. Die abgestripten und entkernten Kirschen dünstet man im geschlossenen Topf mit 6 Eßlöffel Zucker bei schwacher Hitze ca. 10 Minuten ohne Wasser, dann gibt man Himbeeren und Erdbeeren dazu und läßt alles 5 Minuten weiterdünsten. Mit Zucker abschmecken.
Entweder heiß zu Vanilleeis oder eisgekühlt für sich servieren.

Tutti-Frutti-Speise

4 - 6 Personen

250 g Kirschen, 250 g Erdbeeren, 125 g Erdbeeren, 125 g rote oder gemischte schwarze und rote Johan-

nisbeeren, ca. 100 g Zucker, 3 Eier, 4 El. Maismehl, ¼ l Milch, ¼ Stangenvanille

Aus den Früchten bereitet man wie oben mit der Hälfte des Zuckers Kompott und füllt es in eine feuerfeste Form. Eigelb und Eiweiß werden getrennt, das Eigelb mit dem übrigen Zucker, Vanille und dem in der kalten Milch angerührten Maismehl bei schwacher Hitze zu Creme gerührt. Kurz bevor sie zu kochen beginnt gießt man sie über die Früchte. Das Eiweiß wird zu steifem Schnee geschlagen und auf die Creme gefüllt, mit Zucker bestreut und das Ganze im heißen Backofen ein paar Minuten überbacken, bis der Eischnee leicht anbräunt.

Weinschaumspeise

3 ganze Eier, 2 Eigelb, Saft und abgeriebene Schale einer Zitrone, 75 g Zucker, 1 Schnapsglas weißer Rum, 1 El. Maismehl, ¼ l Weißwein

Das Maismehl wird mit etwas Weißwein in einer Kasserolle vermischt und mit den übrigen Zutaten schaumig gerührt, dann bei schwacher Hitze auf dem Herd unter ständigem Schlagen mit dem Schneebesen oder Quirl bis kurz vorm Kochen erhitzt. Dann stellt man die Kasserolle in kaltes Wasser und schlägt weiter, bis die Creme abgekühlt ist. In eine Schüssel füllen und eisgekühlt servieren.

Silberne Löffelspeise

1 l Milch, 75 g Zucker, 75 g Maismehl, Saft und Schale einer Zitrone, 1 Weinglas weißer Rum

Die Zitrone wird spiralförmig geschält und das Mehl mit etwas kalter Milch angerührt. Die übrige Milch mit Zucker und Zitronenschale aufkochen lassen, das angerührte Maismehl dazugeben und das Ganze unter ständigem Rühren mit einem **silbernen Löffel** kochen, bis sich Blasen bilden. Dann nimmt man den Topf vom

Herd, gibt den Zitronensaft und den Rum dazu und rührt noch lange, bis die Masse erkaltet ist. In eine Schüssel füllen und vor dem Servieren stürzen.
Dazu Kirschsauce oder Tutti-Frutti-Kompott.

am 23.XI. zum Fest

Gestürzter kalter Reis

Originalrezept meiner Großmutter

Man läßt 150 g Reis in Wasser aufquellen, tut ½ l Weißwein, eine Nuß groß Butter, drei Löffel Zucker, Zimt und Zitrone daran und läßt ihn völlig weich werden. Dann legt man eine Form mit eingemachten Früchten aus und füllt den noch warmen Reis ein. Kalt wird er umgestürzt und eine Fruchtsauce dazu gegeben.
Nimmt man Birnenkompott als Grundlage heißt dieser Nachtisch in Hamburg „Quetschmadam" nach der Birnensorte Quisse Madame.

Gebackene Apfelspeise

10 säuerliche Äpfel, 150 g Butter, 125 g Zucker, Zimt, 3 Eier, Saft und abgeriebene Schale einer Zitrone, 100 g Korinthen, Paniermehl

Die Äpfel werden geschält, in Würfel geschnitten, mit Zitronensaft beträufelt, mit etwas Zucker und Zimt bestreut und eine Stunde beiseite gestellt. Die vorher warmgestellte Butter wird schaumig geschlagen und nach und nach Zucker, Eigelb, Zitronenschale, Korinthen, Apfelwürfel und zuletzt der steife Eischnee dazugegeben. Dann füllt man die Masse in eine gut mit Butter ausgeriebene und mit Paniermehl bestreute Auflaufform und überbäckt sie 1 Stunde bei mäßiger Hitze im Backofen.

Die Puddingform
wiederholen

fig. 14

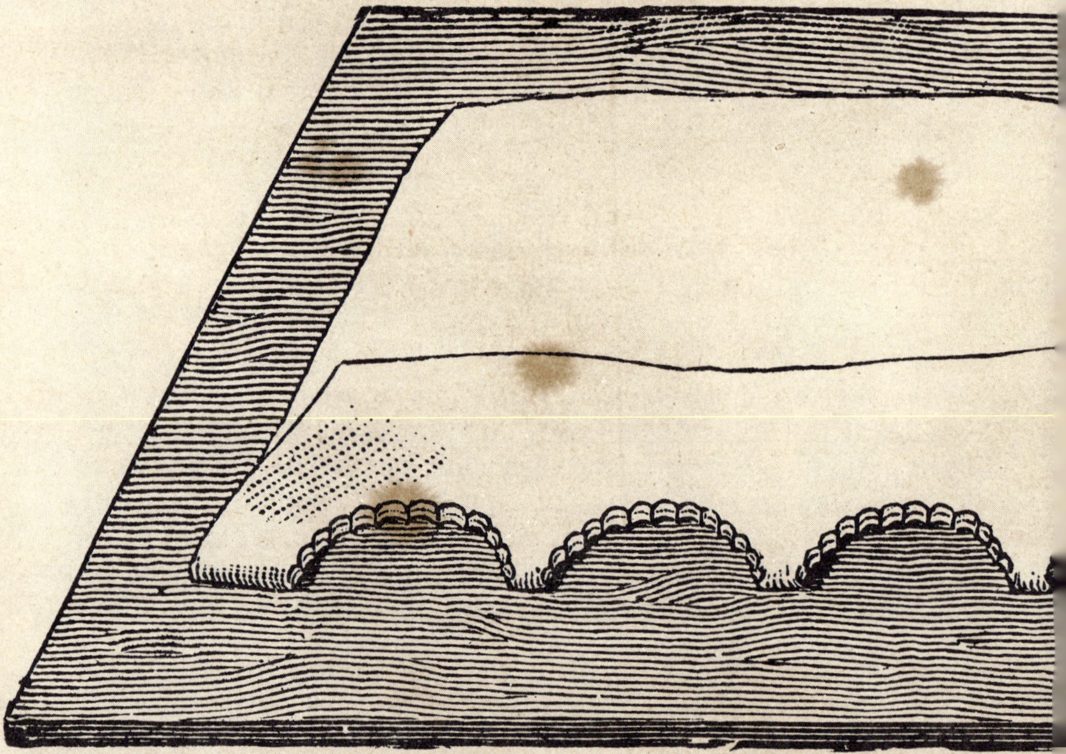

Kuchen und Gebäck

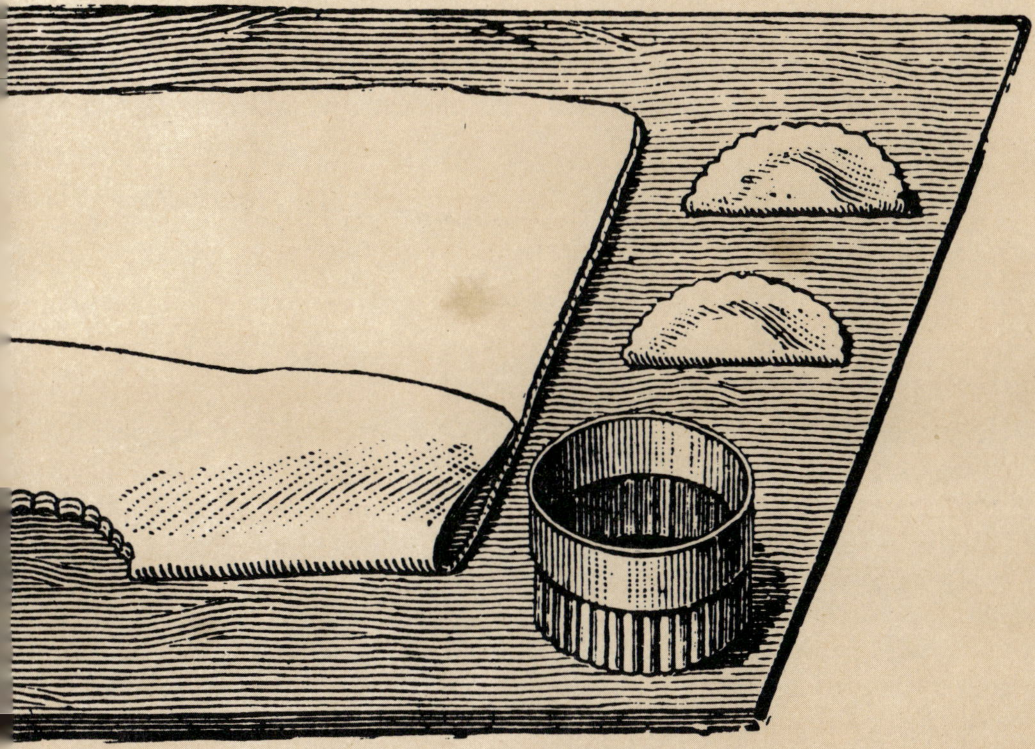

Hefebrot

Ca. 500 g Mehl, 35 g Hefe, 1 Ei, 80 g Zucker, Salz,
1 Tasse Milch, 125 g Butter

Hefe mit der kalten Milch und 1 Tl. Zucker 10 Minuten quellen lassen. Ca. 375 g Mehl in eine Kumme sieben, die angerührte Hefe, das Ei und die geschmolzene Butter hineinrühren, dann kneten, bis ein glatter Kloß entstanden ist, der nicht mehr klebt (evtl. noch etwas Mehl darüberstreuen). Den Kloß solange in einer Schüssel mit lauwarmem Wasser liegen lassen, bis er schwimmt, herausnehmen, Zucker und soviel Mehl dazukneten, bis der Teig geschmeidig und nicht mehr klebrig ist. Auf einem gefetteten, mit Mehl bestreuten Backblech ein Brot formen, mit Milch oder verquirltem Eigelb bepinseln und ca. 45 Minuten bei mittlerer Hitze backen (wenn man eine Stricknadel in den Teig sticht, darf nichts daran kleben bleiben).
Wie normales Brot aufschneiden, mit Butter und Marmelade bestreichen.

Letzten Ostern gebacken. Gut!!

Klöben

15 g Hefe, ¼ l lauwarme Milch, 65 g Zucker, 250 g Mehl, 250 g Rosinen, ½ Tl. Kardamom, 65 g Mandeln, ½ abgeriebene Zitrone, ½ Tl. Salz, 2 Eier, 3 Tl. Butter, 65 g Mehl

Die Hefe löst man mit ¼ l Milch und dem Zucker auf, gibt das Mehl dazu und läßt den Teig zum Aufgehen 2 Stunden an einem warmen Platz stehen. Dann rührt man die Rosinen, den Kardamom, die Mandeln, abgeriebene Zitronenschale und Salz zusammen, gibt den gut aufgegangenen Teig dazu, nach und nach noch 65 g Mehl und die Eier, schlägt alles 5 - 10 Minuten und formt einen Klöben (der Teig wird in der Mitte geteilt und eine Seite übergeschlagen), legt ihn auf ein Blech, bestreicht ihn mit Eiweiß, legt 3 Tl. Butter obenauf und läßt ihn noch 30 Minuten aufgehen. Dann bäckt man den Klöben im nicht zu heißen Ofen 45 Minuten. In der letzten viertel Stunde macht man den Ofen etwas heißer.

Puffer

200 g angewärmte Butter oder Margarine, 500 g Mehl, 4 Eier, 200 g Zucker, 125 g Rosinen, 125 Korinthen, abgeriebene Schale einer Zitrone, 50 g Succade, 1 Tüte Backpulver, 1 Tassenkopf Milch, 1 Msp. Kardamom, 1 Msp. Caneel, 4 El. Rum

Mehl mit dem Backpulver in eine große Schüssel sieben, Milch, Eier, Rum und nach und nach die übrigen Zutaten darunterrühren (Succade sehr fein würfeln). In eine gefettete und mit Mehl bestreute Ringform füllen und bei mittlerer Hitze ca. 45 Minuten backen.

Butterkuchen

500 g Mehl, 200 g angewärmte Butter, 6 Eigelb, 60 g Zucker, 150 g Milch, 35 g Hefe, 125 g Mandeln, 1 Ei, 50 g Butter, Hagelzucker

Hefe mit der Milch und 300 g Mehl vermischen und 2 Stunden an einem warmen Platz aufgehen lassen. Dann Eigelb, Butter und Zucker dazugeben und noch einmal 30 Minuten gehen lassen. Der Teig wird auf einem gefetteten und mit Mehl bestreuten Backblech ca. 3 cm dick ausgerollt, mit dem verquirlten Ei bestrichen und mit den gestiftelten Mandeln, Hagelzucker und Butterflocken bestreut. Bei mittlerer Hitze ca. 45 Min. backen, bis der Kuchen goldgelb ist und beim Einstechen nicht mehr klebt.

Heißwecken

500 g Mehl, 250 g angewärmte Butter oder Margarine, 2 Eier, 65 g Zucker, ¼ l Milch, 125 g Korinthen, 35 g Hefe

Hefe mit der Milch 10 Min. quellen lassen, dann mit dem gesiebten Mehl und den übrigen Zutaten zu einem Teig verkneten und warmgestellt 2 Std. gehen lassen. Nocheinmal durchkneten, 3 cm dick ausrollen und mit einem Glas runde Wecken ausstechen. Auf ein gefet-

tetes Backblech legen und noch einmal 30 Min. gehen lassen. Mit verquirltem Eigelb bestreichen und bei mittlerer Hitze ca. 1 Std. backen, bis sie goldgelb sind.
Heißwecken werden von Fastnacht bis Karfreitag gegessen; man schneidet sie auseinander, bestreicht eine Hälfte mit Butter und legt sie wieder zusammen.

Braune Kuchen

500 g Mehl, 500 g Sirup, 250 g halb Butter, halb Schmalz, 125 g feingehackte Mandeln, 50 g gewürfelte Succade, ½ Tl. Kardamom, ½ Tl. Zimt, ½ Tl. Nelkenpulver, 1 Paket Backpulver, 10 g Pottasche, 4 El. Rosenwasser

Fett und Sirup langsam erwärmen, wenn die Masse dünnflüssig ist, das mit dem Backpulver vermischte Mehl, die in Rosenwasser angerührte Pottasche, Succade, Mandeln und Gewürze dazurühren. Alles mit den Händen zu einem festen Teig verarbeiten und an einem warmen Platz 6 – 8 Tage ruhen lassen. Beim Ausrollen zu den einzelnen Teigklumpen soviel Mehl unterkneten, daß sich der Teig leicht dünn ausrollen läßt. Quadrate ausrädern oder Figuren und Formen ausstechen. Auf einem gefetteten und mit Mehl bestreuten Backblech bei mittlerer bis starker Hitze im vorgeheizten Ofen kroß backen.
Diese traditionellen Weihnachtskuchen schmecken besonders gut auf mit Butter bestrichenem Brot.

Mögen die Kinder gerne

Weiße Kuchen

500 g Mehl, 500 g Zucker, 5 Eier geriebene Schale einer Zitrone, 80 g feingehackte Succade, ½ Tl. Zimt, 1/2 Tl Nelkenpulver, 15 g Pottasche

Eier und Zucker werden schaumig gerührt, dann gibt man die Gewürze und zum Schluß Mehl und Pottasche dazu, knetet den Teig gut durch, rollt ihn 1 cm dick aus, schneidet oder rollt viereckige Kuchen, (die man auch mit Succadestückchen belegen kann) und bäckt sie auf einem gefetteten, mit Mehl bestreuten Blech bei sehr schwacher Hitze, so daß sie mehr getrocknet als gebacken werden.

Als Weihnachtsgeschenk für:
Heinz
Vati & Mutti,
Claus & Holger
Peter & Inge
C. W.
Ingrid & Fam.

fig. 15

Eingemachtes

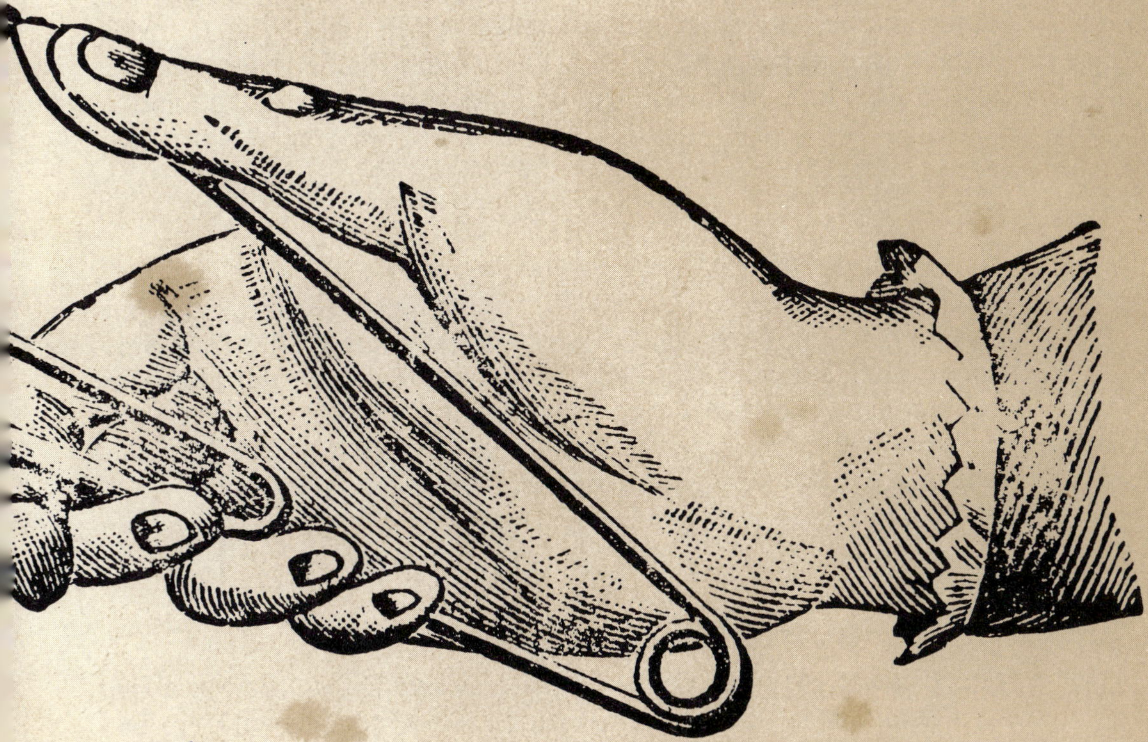

Bittere Orangenmarmelade

Für ca. 8 Marmeladengläser:
10 bittere Orangen, 3 – 4 kg grober Einmachzucker

(Bittere Orangen kann man Januar/Februar in Hamburger Delikateßgeschäften bekommen, vereinzelt auch in Reformhäusern.) Die Orangen werden halbiert und jede Hälfte so dünn wie möglich geschnitten. Dabei die Kerne in einer kleinen Schüssel sammeln. Auf jedes Pfund Früchte 1 ½ Pfd. Wasser (wirklich wiegen, nicht messen, indem man Wasser zu den Früchten im Kochtopf gibt. Gewicht des Kochtopfs vorher aufschreiben). 24 Std. stehen lassen, danach kochen, bis das Weiße der Orangen durchscheinend ist. Wieder 24 Std. stehen lassen, dann das Ganze wiegen. Auf jedes Pfd. Früchte und Wasser 1 ¼ Pfd. Zucker. Unter ständigem Rühren aufkochen lassen, dann 1 Std. weiterkochen, gelegentlich umrühren. Die Kerne gleich am 1. Tag mit etwas Wasser beiseite stellen, am letzten Tag durch ein Sieb streichen und den gelierten Saft mitkochen. Die Masse ist genug eingekocht, wenn 1 Tl auf einem Teller beim Erkalten fest wird. Heiß in Gläser füllen und mit Cellophan zubinden.

Quittengelee

Birnenquitten, auf 1 l Saft 1 kg. Zucker

Die Quitten werden gewaschen, Blüte und Stiel abgezupft, in Spalten geschnitten und eben mit Wasser bedeckt ohne Rühren weichgekocht. Man läßt den Saft über Nacht durch ein Tuch abtropfen und benutzt das Fruchtfleisch zu Quittenbrot. Den Saft abmessen und mit dem Zucker zu Gelee gekocht (vom Kochen an ca. 10 Min. Geleeprobe wie bei Orangenmarmelade). Heiß in Gläser füllen.

Quittenbrot

Auf 1 kg Fruchtmus 750 g Zucker

Die Früchte, wie bei Quittengelee beschrieben, vorbereiten und nachdem der Saft abgetropft ist durch ein feines Sieb rühren. Das

Fruchtmus auswiegen und mit der entsprechenden Zuckermenge langsam unter ständigem Rühren erhitzen, nachdem der Zucker ganz gelöst ist aufkochen lassen, weiterrühren und -kochen, bis die Masse rot und pappig wird und sich vom Kochtopf lösen läßt. Dann streicht man sie ca. 2 cm dick auf eine gefettete Porzellanplatte oder auf leicht geölte, über ein Brett gespannte Aluminiumfolie und läßt sie warm (am besten auf einem Schrank) bis Weihnachten trocknen. Vor dem Essen in kleine Würfel schneiden und in Hagelzucker wenden.

Sonntag Brombeeren sammeln

Brombeer – Apfelmarmelade

1½ kg Brombeeren, 750 g saure Äpfel, 2 kg Zucker, 1 Zitrone, ⅛ l Wasser

Äpfel schälen, kleinschneiden und in Wasser weichkochen, dann die gewaschenen Beeren und den Zucker dazugeben und bei schwacher Hitze unter Rühren kochen, bis der Zucker geschmolzen ist, bei mittlerer Hitze weiterkochen, bis die Beeren weich sind und schließlich bei starker Hitze, bis die Masse dicklich wird. Zum Schluß den Zitronensaft hineinrühren. Beim Einfüllen in die Gläser die Masse immer wieder umrühren, damit die Beeren nicht sinken. Nach dem Erkalten mit Cellophan zubinden.

Brombeerkonfitüre

Auf 1 kg Brombeeren 1 kg Zucker

Die Beeren werden gewaschen, abgetropft, mit dem Zucker vermischt und eine Stunde stehen gelassen, damit der Zucker schmilzt. Ohne Wasser unter Schütteln langsam aufkochen und bei mittlerer Hitze 10 – 15 Min. kochen. Die Marmelade wird in vorgewärmte Gläser gefüllt und nach 24 Std. mit Cellophan verschlossen.

Kronsbeermus mit Rotwein

2½ kg Kronsbeeren, 1½ kg Zucker, ½ l Rotwein, Essig, 5 Tl. Zimt

Beeren auslesen und waschen. Zucker mit dem Rotwein erhitzen, bis er klar ist, Beeren und Gewürze dazugeben und bei starker Hitze kochen, bis sie durchsichtig sind, dann alles durch ein Sieb gießen und den Saft noch weiter einkochen lassen. Die Früchte wieder dazugeben und unter gelegentlichem Umrühren erkalten lassen. In einen Steintopf füllen und mit Cellophan verschließen.

Johannisbeermus

2 kg rote Johannisbeeren, 1 kg Zucker, ¼ l Essig, 2 Tl. Nelkenpulver, 1 El. Zimt, frisch gemahlener Pfeffer

Johannisbeeren waschen, verlesen, aber nicht abzupfen und mit allen Zutaten in einem Emailletopf gut durchkochen, durch ein Sieb streichen und zu einem nicht zu dicken Mus einkochen lassen. In Gläser füllen und vor dem Gebrauch mehrere Wochen kühl ruhen lassen. Man kann das Mus auch dünner einkochen und als Johannisbeerketchup in Flaschen füllen.

Kürbis süß - sauer

Ca. 3 kg nicht zu reifer Kürbis, 1 l Weinessig, 1 l Wasser, 1½ kg Zucker, 10 Gewürznelken, 1 Stange Zimt, 1 abgeschälte Zitronenschale, 2 getrocknete Ingwerwurzeln, 20 Pfefferkörner, 1 Tl. Salz

Der Kürbis wird geviertelt, abgeschält und das Fruchtfleisch gewürfelt. Wasser, Essig und Zucker werden mit den Gewürzen 15 Minuten gekocht, die Kürbisstücke hineingegeben und bei schwacher Hitze gekocht bis sie glasig ist. Über Nacht zugedeckt stehen lassen, dann die Früchte herausschöpfen und in Gläsern füllen. Den Saft zu Sirup einkochen lasen, durch ein Sieb gießen, nach dem Erkalten zu den Früchten füllen und die Gläser zubinden.

Den Steintopf empfehlen.

Zwetschen süß – sauer

4 kg Zwetschen, 1 ½ kg Zucker, ½ l Rotwein,
1 l Weinessig, 2 Stangen Zimt, 1 Tl. Nelkenpulver

Zwetschen waschen, mit einer Gabel einstechen und in eine Kumme legen. Wein, Essig und Zucker aufkochen und lauwarm über die Früchte gießen, über Nacht stehen lassen, dann den Saft abgießen, mit den Gewürzen aufkochen und eindicken. Lauwarm über die Früchte gießen und wieder einen Tag stehen lassen, danach alles zusammen erwärmen und kurz aufkochen. Zwetschen herausschöpfen und in Gläser oder Steintöpfe füllen. Saft solange einkochen, bis man vom Löffel einen Tropfen fadenartig ausziehen kann, lauwarm über die Früchte gießen und die Gläser nach dem Erkalten zubinden.

Grüne Zuckertomaten

Originalrezept meiner Großmutter

Grüne, unreife Tomaten, die man bei ungünstigen Sommern oft vorfindet, geben ein wenig bekanntes, gutes Eingemachtes. Die harten grünen Tomaten setzt man mit kochendem Wasser auf und siedet sie darin, bis sie weich sind, worauf man sie abtropfen läßt. Man rechnet auf ein Kilo Tomaten 600 g Zucker, der klar gekocht wird. Er wird über die in eine passende Schale gegebenen Tomaten gefüllt und 12 Std. darüber stehen gelassen. Dann kocht man die Tomaten 20 Min. in dem Saft, stellt sie 2 Tage damit an einen kühlen Ort, gießt darauf den Saft ab, kocht ihn ziemlich dick ein, fügt reichlich Zitronenschale, die in Streifen geschnitten und aufgebrüht wurde, und Vanille daran, gießt ihn auf die in Gläser gefüllten Tomaten, bedeckt sie mit Rumpapier und bindet sie zu.

Birnen süß - sauer

2½ kg nicht zu weiche Bergamottbirnen, ½ l Rotwein, ½ l Weinessig, 1 kg Zucker, einige Nelken, 1 Stange Zimt, Schale einer Zitrone

Die Birnen schälen, vierteln und das Gehäuse herausschneiden. Zucker mit Wein und Essig aufkochen, bis die Flüssigkeit klar ist. Birnen und Gewürze (Gewürze in einer Filtertüte verpacken, Zimt und Zitronenschale kleinschneiden) weichkochen, Birnen herausnehmen und in vorgewärmte Töpfe füllen, den Saft zu Sirup einkochen, Gewürze herausnehmen und lauwarm über die Früchte gießen. Nach dem Erkalten zubinden.
Alle süß - sauren Früchte schmecken köstlich zu gekochtem Rindfleisch oder Hamburger Rauchfleisch.

so geht's prima

Notizen & weitere Rezepte:

fig. 16

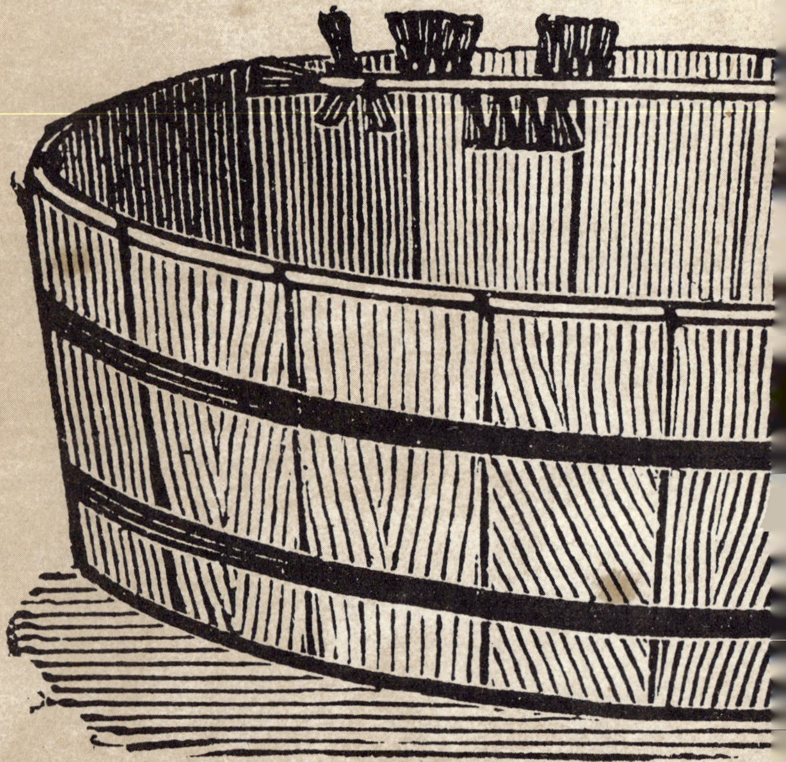

Getränke

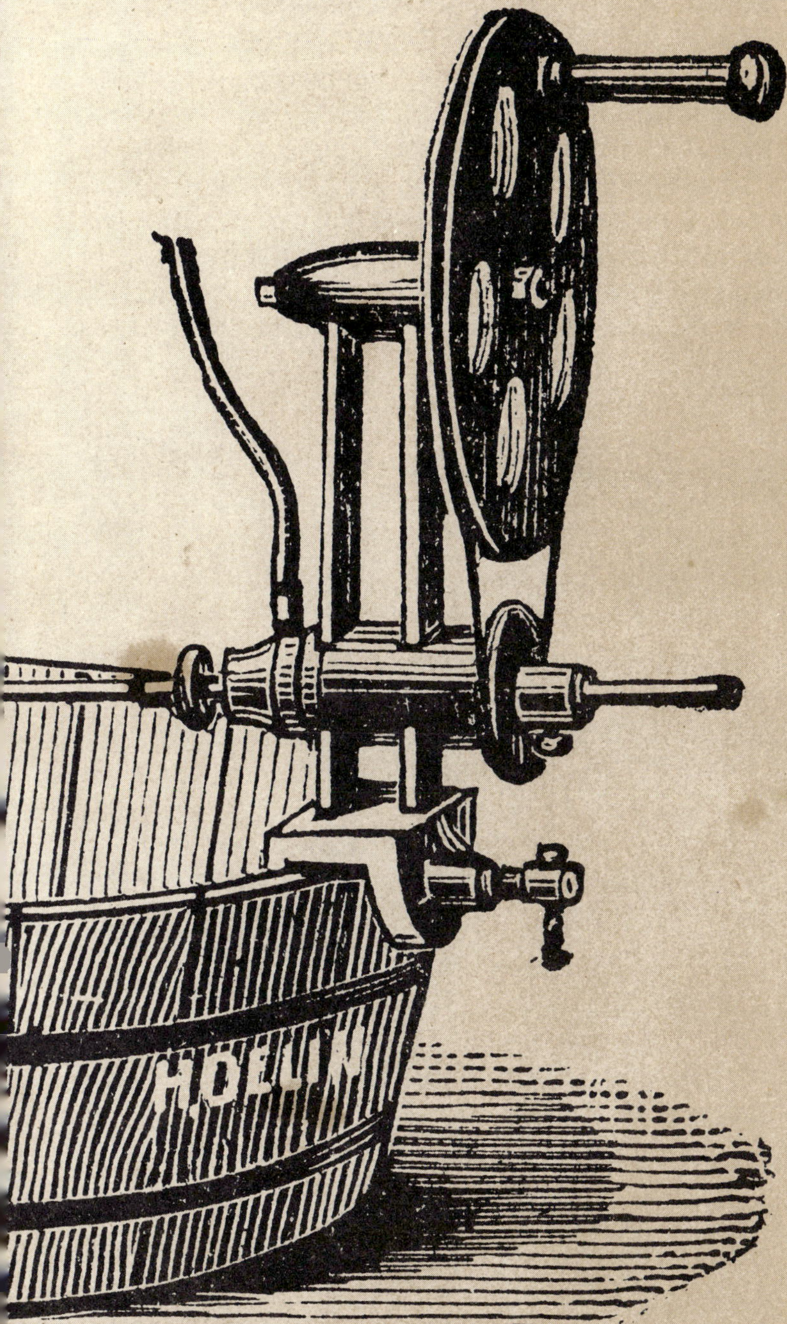

Mit jedem Breitengrad nördlicher wächst die Bereitschaft, der winterlichen Kälte und Feuchtigkeit „spirituös" zu begegnen, wobei sich Bräuche und Rezepte nach der jeweiligen geographischen Lage verändern. Gemeinsam ist allen erwärmenden Getränken, die zur Winterszeit in Hamburg bevorzugt werden, der Alkoholgehalt. Man mag hier keinen lapperigen Kram, was schon der am Anfang zitierte Arzt J. J. Rambach weitschweifig mit den Worten beschreibt: „Die geistigen Getränke sind in Hamburg sehr beliebt. Der Grund davon liegt in der äußerst mittelmäßigen Beschaffenheit unseres Wassers, in dem häufigen Genusse von Fisch und fetten Speisen, in dem feuchten Klima . . . Diese Umstände machen wirklich bei den meisten Menschen den Gebrauch dieser Getränke notwendig. Viele unserer Einwohner würden sich gewiß übel befinden, wenn sie sich bloß an Wasser halten wollten", läßt sich in der sehr viel direkteren Regel für einen steifen Grog zusammenfassen:
„Rum muß, Zucker kann, Wasser ist nicht nötig."

Wie in London bei Aunt Gladys!

Grog

pro Glas 2 – 3 Stücke oder 1Tl. Zucker, ca. 6Tl. hochprozentiger Jamaicarum, kochend heißes Wasser

Man füllt die Gläser, in die man als Wärmeleiter einen Silberlöffel stellt, zu ¾ mit kochendem Wasser, löst den Zucker darin auf und gießt nun vorsichtig am Löffelstiel entlang den Rum dazu, er muß zunächst oben auf dem Wasser schwimmen. Vor dem Trinken bedächtig umrühren.

Haben wir auf Baltrum immer getrunken!

Eiergrog

Pro Person 1 Ei, 1El. Zucker, 3El. Rum, kochend heißes Wasser.

Ei und Zucker werden schaumig geschlagen und mit dem Rum in ein Glas gefüllt. Mit kochend heißem Wasser auffüllen und vor dem Trinken nocheinmal umrühren.

Pharisäer

Pro Person ½ Tasse starker Kaffee, 2 – 3 Stücke Zucker, 4 El. Rum, geschlagener Rahm

Man füllt große, hohe Tassen oder Porzellanbecher zur Hälfte mit heißem Kaffee, gibt Rum und Zucker dazu und schichtet obendrauf den Schlagrahm.
Pharisäer wird ohne Umrühren durch den Rahm getrunken.

Sollten wir öfter mal machen

Bischof

Aus dem Illustrierten Hamburger Kochbuch

An Zucker reibt man die Schale von gelben Pommeranzen ab und röstet sie dann auf dem Roste. Nun reibt man Zitronen auf Zucker ab, gibt dazu etwas gestoßene Nelken und Canehl, sowie die gerösteten und dann durchgeschnittenen Pommeranzen dazu und rührt es etwas um, deckt das Gefäß zu und läßt es mehrere Stunden so stehen, gießt es dann durch ein Tuch und versüßt es mit Zucker. – Will man es warm geben, so setzt man das Ganze zu Feuer; wenn es kocht, gibt man heißes Wasser und Zucker nach Belieben dazu.
Zum Probieren diese vereinfachte Art:

4 kl. Pommeranzen oder 2 kl. Gläser Cointreau, 1 Zitrone, 2 Fl. Rotwein 1 Tl. Nelkenpulver, 1 Tl. Zimt, Zucker nach Geschmack

Die Pommeranzen werden gewaschen, abgerieben, rundherum eingekerbt und 20 – 30 Min. in den heißen Backofen gelegt. Nach dem Herausnehmen mit den Gewürzen und der abgeriebenen Zitronenschale in einen Topf legen, mit Rotwein übergießen und mehrere Stunden warmstellen. Vor dem Trinken erhitzen, aber nicht kochen, mit Zucker abschmecken und durch ein Sieb gießen.

Das wird prima!

Tee - Punsch

Am 1. Advent zu den 1. Plätzchen!

1. *2 Fl. Rheinwein, ¼ Fl. Arrak, ¾ l Tee, 250 g Zucker, Saft und abgeriebene Schale einer Zitrone*
2. *¾ l Tee, 2 Fl. Rheinwein, ½ Fl. Madeira, ½ Fl. Weinbrand, 250 g Zucker, Saft und geriebene Schale einer Zitrone*

Alle Zutaten zusammen sieden lassen.

Eierpunsch

1 Fl. Weißwein, 8 Eier, 250 g Zucker, ¼ l Arrak, Saft und abgeriebene Schale zweier Zitronen

Weißwein, Zitronensaft und -schale, u. die mit dem Zucker schaumig geschlagenen Eier werden gut verquirlt auf dem Herd bei schwacher Hitze mit dem Schneebesen zu dickem Schaum gerührt. Dann gibt man den Arrak dazu.

Glühwein

⅛ l Wasser, 1 Fl. Rotwein, 1 Tl. Zimt, 1 Tl. Nelkenpulver oder 5 Nelken, 150 g Zucker, Schale einer Zitrone

Wasser mit Zucker, Gewürzen und Zitronenschale aufkochen, Rotwein dazugeben und bis zum Sieden erhitzen.

Notizen & weitere Rezepte:

Sago kalt in Tassen.

Jenachdem man braucht setzt man
Milch auf gibt ein wenig Butter
Zucker Zimmet u. Citronenschale
hinein wenn das Gewürz etwas
ausgezogen hat nimmt man
es wieder heraus dann gibt Sago
hinein und wenn er gar und
fertig ist rührt man einige Eier
durch gibt es in die mit kalten
Wasser ausgeschwenkten Tassen oder
Förmchen oder was man geeignet
dazu hat. Wenn er kalt ist stürzt
man ihn gibt erstarrten Schaum der
Früchten dazu ebenso kann man
Reiß oder Grießmehl machen in
letzteren eignen sich Mandeln und
wenn einem beliebt. Korinthen

Notizen & weitere Rezepte:

Notizen & weitere Rezepte:

Erwerben macht es nicht allein,
Mußt's Sparen auch verſteh'n;
Und klüglich alles teilen ein,
Wenn alles gut ſoll geh'n.

Inhalt und Impressum

Suppen

Aalsuppen

Klüten oder Klöße

Pasteten

Fisch

Fleisch

Wild und Geflügel

Gemüse und Salate

Saucen

Vom Eintopf und Hamburger Leibgerichten

Mehlspeisen

Rote Grütze und Hamburger Süßspeisen

Kuchen und Gebäck

Eingemachtes

Getränke

Liebe Leserin, lieber Leser,

ich hoffe, dieses Buch gefällt Ihnen, und Sie kochen und backen auch fleißig nach unseren Rezepten. Nach der Erstellung eines solchen Kochbuches sitzt man mit seinen Mitarbeitern zusammen und denkt darüber nach, was man vielleicht doch falsch gemacht hat, was man vergessen hat etc. Ich würde mich freuen, wenn Sie uns helfen und wenn Sie uns weitere typische Rezepte zuschicken und auch nicht sparen mit Kritik, Tips und weiteren Anregungen. So eine Arbeit kann nie vollkommen sein, und wenn Sie mir schreiben, werden Sie sehen, daß wir Ihren Brief berücksichtigen.

An dieser Stelle bedanke ich mich herzlich bei meiner Autorin, Frau Dr. Dorothee von Hellermann, die nicht nur begeisterte Hausfrau, Mutter und Kochbuchautorin ist, sondern ganz nebenbei auch noch Kunsthistorikerin in vollem Einsatz. Sie kommt aus einer alten Hamburger Familie und hat diese Rezepte mit Liebe gesammelt, auf den neuesten Stand gebracht und für Sie ausprobiert.

Viele Köche verderben zwar den Brei, aber bei einem Kochbuch müssen doch noch einige andere Leute mitwirken, bei denen ich mich hier herzlich bedanke: Antje Vogel-Steinrötter macht als Malerin nicht nur schöne Bilder, sie hat mir wieder mal geholfen bei den graphischen Details und Randbemerkungen; mit Anregungen, Tips und Kniffen standen mir ferner zur Seite Ralf-D. Rudat, Hubert Roters und Trulli Brandt und natürlich die zahlreichen Mitarbeiter der Druckerei Cramer in Greven.

Bei diesen und bei zahlreichen nicht Genannten habe ich mich an dieser Stelle nochmals herzlich zu bedanken.

P. S.: Wenn Sie sich für weitere Bücher aus unserem Verlag interessieren, schreiben Sie uns oder fragen Sie Ihren Buchhändler. Wenn Ihnen das vorliegende Buch gefällt, so werden Ihnen sicher auch die nachfolgenden Titel zusagen. Eine kleine Überraschung haben wir noch für Sie, Sie können bei uns eine Schürze aus dem Umschlagstoff dieses Buches, aber auch aller anderen Titel unseres Verlages bestellen. Besonders zum Verschenken und Selberschenken, zum Preis von DM 18,–. Sie wird Ihnen bestimmt gefallen!

In unserem Verlag sind erschienen:

Außerdem sind noch in Vorbereitung:

Das Kochbuch aus Baden-Württemberg
Das Kochbuch aus dem Ruhrgebiet
Das Kochbuch aus Niedersachsen
Das Kochbuch aus Schleswig-Holstein
Das Kochbuch aus Franken
Das Kochbuch aus Berlin
Das Buch vom Wein
Das Buch vom schönen Backen

Notizen & weitere Rezepte: